राजा राममोहन राय

एक जीवनी

रामप्रकाश सिंह पवैया

प्रकाशक : ट्रू साइन पब्लिशिंग हाउस

पता : SY.N0.21/2 & 21/3, सोननहल्ली, कृष्णराजपुरा, बेंगलुरु, कर्नाटक - 560049 भारत

ईमेल : truesignbooks@gmail.com

वेबसाइट : www.truesign.in

राजा राममोहन राय : एक जीवनी

लेखिका : रामप्रकाश सिंह पवैया

ISBN: 978-93-5584-705-8

संस्करण: 2023

विषय सूचि

1. संक्षिप्त इतिहास 5

2. संक्षिप्त परिचय 9

3. भारतीय पत्रकारिता के जनक 34

   उदन्त मार्तण्ड 44

   सम्वाद कौमुदी 46

   मिरात-उल- अखबार 46

   ब्राह्मणवादी पत्रिका 46

   बंगाल गजट 46

   तत्त्वबोधिनी पत्रिका 48

4. राम मोहन राय के शैक्षिक और सामाजिक सुधार 49

5. संबंधित साहित्य की समीक्षा 52

6. सती प्रथा 57

7. विधवा पुनर्विवाह 60

8. बाल विवाह 63

9. धार्मिक योगदान एवम् राष्ट्रीयता 67

   ब्रह्म समाज 67

   साधारण ब्रह्म समाज 80

   बंगाल पुनर्जागरण 84

   तत्त्वबोधिनी सभा 91

   एकेश्वरवाद का सिद्धांत 92

10. राजा राममोहन राय के साहित्यिक उपनिषद 95

   केना उपनिषद 95

   मुंडक उपनिषद 103

   ईशावास्य उपनिषद् 111

   कठ उपनिषद् 113

11.राजा राम मोहन राय पुरस्कार 120

12.राजा राममोहन राय के बारे में रोचक तथ्य 121

13.राजा राममोहन राय की विरासत 125

हिंदू स्कूल, कोलकाता 125
वेदांत कॉलेज 126
अन्य विरासतें 126

14.राजा राममोहन राय का देहांत और अर्नोस वेल में उनकी समाधि.... 128

1. संक्षिप्त इतिहास

राजा राममोहन राय का जन्म बंगाल में 1772 में एक ब्राह्मण परिवार में हुआ था। इनके पिता का नाम रमाकांत तथा माता का नाम तारिणी देवी था।भारतीय सामाजिक और धार्मिक पुनर्जागरण के क्षेत्र में उनका विशिष्ट स्थान है। वे ब्रह्म समाज के संस्थापक, भारतीय भाषायी प्रेस के प्रवर्तक, जनजागरण और सामाजिक सुधार आंदोलन के प्रणेता तथा बंगाल में नव-जागरण युग के पितामह थे। उन्होंने भारतीय स्वतन्त्रता संग्राम और पत्रकारिता के कुशल संयोग से दोनों क्षेत्रों को गति प्रदान की। उनके आन्दोलनों ने जहाँ पत्रकारिता को चमक दी, वहीं उनकी पत्रकारिता ने आन्दोलनों को सही दिशा दिखाने का कार्य किया। 15 वर्ष की आयु तक उन्हें बंगाली, संस्कृत, अरबी तथा फ़ारसी का ज्ञान हो गया था। किशोरावस्था में उन्होंने काफी भ्रमण किया। उन्होंने 1809-1814 तक ईस्ट इंडिया कम्पनी के लिए भी काम किया। उन्होंने ब्रह्म समाज की स्थापना की तथा विदेश (इंग्लैण्ड तथा फ़्रांस) भ्रमण भी किया।

राजा राममोहन राय को भारतीय पुनर्जागरण का अग्रदूत और आधुनिक भारत का जनक कहा जाता है। भारतीय सामाजिक और धार्मिक पुनर्जागरण के क्षेत्र में उनका विशिष्ट स्थान है। वे ब्रह्म समाज के संस्थापक, भारतीय भाषायी प्रेस के प्रवर्तक, जनजागरण और सामाजिक सुधार आंदोलन के प्रणेता तथा बंगाल में नव-जागरण युग के पितामह थे। उन्होंने भारतीय स्वतन्त्रता संग्राम और पत्रकारिता के कुशल संयोग से दोनों क्षेत्रों को गति प्रदान की।

उनके आन्दोलनों ने जहाँ पत्रकारिता को चमक दी, वहीं उनकी पत्रकारिता ने आन्दोलनों को सही दिशा दिखाने का कार्य किया। राजा राममोहन राय की दूरदर्शिता और वैचारिकता के सैकड़ों उदाहरण इतिहास में दर्ज हैं। हिन्दी के प्रति उनका अगाध स्नेह था। वे रूढ़िवाद और कुरीतियों के विरोधी थे लेकिन संस्कार, परंपरा और राष्ट्र गौरव उनके दिल के करीब थे। वे स्वतंत्रता चाहते थे लेकिन चाहते थे कि इस देश के नागरिक उसकी कीमत पहचानें।

अंग्रेजी शासन, अंग्रेजी भाषा एवं अंग्रेजी सभ्यता की प्रशंसा करने के लिये राममोहन राय की आलोचना की जाती है। उन्होंने स्वतंत्रता आन्दोलन में कोई प्रत्यक्ष

भाग नहीं लिया। उनकी अन्तिम सांस भी ब्रिटेन में निकली। कुछ लोगों का विचार है कि वे अपनी जमींदारी को चमकाते हुए भारतीय समाज में हीन भावना भरने का कार्य कर रहे थे और अंग्रेजों के अदृश्य सिपाही थे। उन्होने भारत में अंग्रेजी राज्य (गुलामी) की स्थापना एवं उसके सशक्तीकरण के लिये रास्ता तैयार किया। वे अंग्रेजी कूटनीति को समझ नहीं सके और भारतीय जनता का सही मार्गदर्शन नहीं कर सके।

उनके प्रपितामह कृष्ण चन्द्र बर्नजी बंगाल के नवाब की सेवा में थे। उन्हें राय की उपाधि प्राप्त थी। ब्रिटिश शाशकों के समक्ष दिल्ली के मुगल सम्राट की स्थिति स्पष्ट करने के कारण सम्राट ने उन्हें राजा की उपाधि से विभूषित किया था। प्रतिभा के धनी राजा राम मोहन राय बहुभाषाविद् थे।

उन्हें बंगला, फारसी, अरबी, संस्कृत, हिन्दी, अंग्रेजी, ग्रीक, फ्रैन्च, लेटिन आदि भाषाओं का अच्छा ज्ञान था। इन भाषाओं में वे अपने भावों को कुशलता से अभिव्यक्त करने की क्षमता रखते थे। वैष्णव भक्त परिवार के होने के बावजूद राजा राम मोहन राय की आस्था अन्य धर्मों में भी थी। वेद एवं उपनिषदों में प्रतिपादित एकेश्वरवाद में आस्था रखने वाले राजा जी ने इस्लाम धर्म का गहन अध्ययन किया। मूर्ति पूजा में उनकी आस्था नहीं थी। एक अंग्रेजी पत्र ने लिखा था कि, राजा राम मोहन राय को गवर्नर जनरल बना देना चाहिये क्योंकि वे न हिन्दू हैं न मुसलमान और न ईसाई। ऐसी स्थिति में वे निष्पक्षता से गवर्नर जनरल का कार्यभार संभाल सकते हैं।

ये कहना अतिशयोक्ति न होगी कि राजा राम मोहन राय केवल हिन्दू पुनरुत्थान के प्रतीक नहीं थे अपितु सच्चे अर्थ में वे धर्म निरपेक्षता वादी थे। 1802 में उन्होंने एकेश्वरवाद के समर्थन में फारसी भाषा में "टुफरवुल मुवादिन" नामक पुस्तक की रचना की। इस पुस्तक की भूमिका उन्होंने अरबी भाषा में लिखी। 1816 में उनकी पुस्तक "वेदान्त सार" का प्रकाशन हुआ जिसके माध्यम से उन्होंने ईश्वरवाद और कर्म-काण्ड की घोर आलोचना की। जीविकोपार्जन हेतु रंगपुर में ईस्ट इण्डिया के अधीन नौकरी किये और बाद में रंगपुर की कलक्टरी में दीवान बन गये।

उस समय दो अलग जाती में विवाह अंतरजातीय कहलाता था इसके बावजूद इन्होने शादी की। इन्होने अपना जीवन में तीन शादियाँ की, इनकी पहली शादी बहुत ही कम उम्र में हुई थी, जो बहुत ही कम समय में इनका साथ छोड़ कर चली गई थी। इसके बाद इन्होने दूसरी शादी की वो भी इनका साथ लम्बे समय तक नहीं निभा सकी, इन दोनों के दो पुत्र राधाप्रसाद और रामप्रसाद थे। तत्पश्चात इन्होने उमा देवी से शादी की इन्होने इनका साथ उम्र भर दिया। और सन 27 सितम्बर 1833 को राजा राममोहन रॉय का निधन इंग्लैंड में हुआ।

राजा बहुमुखी प्रतिभा के इन्सान थे। इनमे हमेसा कुछ नया करने और सीखनेकी ललक बनी रहती थी। इनकी प्रारंभिक शिक्षा इनके गाँव पर ही हुई, जहाँ इन्हें बंगला भाषा का ज्ञान हुआ। इसके बाद रॉय उच्च शिक्षा के लिए पटना चले गये। यहाँ से इन्होने अरबी और फारसी दोनों भाषा का ज्ञान हासिल किया। इसी दरमियान राजा राममोहन रॉय की मुलाकात संस्कृत गुरु नंदकुमार से हुई, इनसे उन्हें संस्कृत का ज्ञान हुआ और साथ ही इनसे तंत्र मंत्र विद्या का भी ज्ञान लिया।

इन्होने तिब्बत जाकर बौद्ध धर्म का अध्ययन किया। लौटने पर विवाह होने के बाद पारिवारिक निर्वाह के लिए ईस्ट इंडिया कंपनी में क्लर्क के पद पर नौकरी कर ली। नौकरी के समय अंग्रेजी, लैटिन और ग्रीक भाषाओं का ज्ञान प्राप्त किया। 40 वर्ष की उम्र में नौकरी छोड़कर कोलकाता में रहकर समाज सेवा कार्य में लग गये। इस दिशा में इन्होने सती-प्रथा का विरोध, अंधविश्वासों का विरोध, बहु-विवाह विरोध और जाति प्रथा का विरोध किया। विधवाओं के पुनर्विवाह और पुत्रियों को पिता की संपत्ति दिलवाने की दिशा में कार्य किया। उदारवादी दृष्टिकोण के कारण इन्होने सन 1814 में 'आत्मीय सभा' बनाई जिसका उद्देश्य "ईश्वर एक है" का प्रचार था। एक ईश्वर की अवधारणा को स्पष्ट करने के लिए 'ब्रह्मसभा' की स्थापना की.जिसे 'ब्रह्मसमाज' कर दिया। इसमें सभी धर्मो के अच्छी बातो का समावेश था।

राम मोहन राय पश्चिमी आधुनिक विचारों से बहुत प्रभावित थे और बुद्धिवाद तथा आधुनिक वैज्ञानिक दृष्टिकोण पर बल देते थे।

राम मोहन राय की तात्कालिक समस्या उनके मूल निवास बंगाल के धार्मिक और सामाजिक पतन की थी।

उनका मानना था कि धार्मिक रूढ़िवादिता सामाजिक जीवन को क्षति पहुँचाती है और समाज की स्थिति में सुधार करने के बजाय लोगों को और परेशान करती है।

राजा राम मोहन राय का मानना था कि सामाजिक और राजनीतिक आधुनिकीकरण धार्मिक सुधार की परिधि में ही शामिल हैं।

राम मोहन राय का मानना था कि प्रत्येक पापी को अपने पापों के लिये प्रायश्चित करना चाहिये और यह प्रायश्चित आत्म-शुद्धि तथा पश्चाताप के माध्यम से किया जाना चाहिये, न कि आडंबर व अनुष्ठानों के माध्यम से।

वह सभी मनुष्यों की सामाजिक समानता में विश्वास करते थे और इस तरह से जाति व्यवस्था के प्रबल विरोधी थे।

राम मोहन राय इस्लामिक एकेश्वरवाद के प्रति आकर्षित थे। उन्होंने कहा कि एकेश्वरवाद भी वेदांत का मूल संदेश है।

एकेश्वरवाद को वे हिंदू धर्म के बहुदेववाद और ईसाई धर्मवाद के प्रति एक

सुधारात्मक कदम मानते थे। उनका मानना था कि एकेश्वरवाद ने मानवता के लिये एक सार्वभौमिक मॉडल का समर्थन किया है।

राजा राम मोहन राय का मानना था कि जब तक महिलाओं को अशिक्षा, बाल विवाह, सती प्रथा जैसे अमानवीय रूपों से मुक्त नहीं किया जाता, तब तक हिंदू समाज प्रगति नहीं कर सकता।

उन्होंने सती प्रथा को हर मानवीय और सामाजिक भावना के उल्लंघन के रूप में तथा एक जाति के नैतिक पतन के लक्षण के रूप में चित्रित किया।

2. संक्षिप्त परिचय

उन्नीसवीं सदी का समय भारतवर्ष के इतिहास में महान् परिवर्तनों का था। मुसलमानों का भारतव्यापी शासन टूट फूटकर लगभग निर्जीव हो चुका था और उसका स्थान दूरवर्ती इंगलैंड ग्रहण कर रहा था। अंग्रेज शासक अपनी सेना और तोप-बंदूकों के साथ अपनी सभ्यता, संस्कृति और धर्म को भी लाये थे और इस बात के प्रयत्न में थे कि यहाँ के निवासियों में इनका प्रचार करके अपनी जड़ मजबूत की जाये। मुसलमानों ने भी हिंदुओं को अपने धर्म में दीक्षित करने की चेष्टा की थी, पर उनके साधन मुख्यत: तलवार और तरह-तरह के उत्पीड़न थे। इसके विपरीत अंग्रेजों ने अपने धर्म को शस्त्र बल से थोपने की नीति से काम नहीं लिया, वरन् युक्ति, तर्क और प्रमाणों से ईसाई-धर्म की श्रेष्ठता और हिंदू-धर्म की हीनता सिद्ध करने का प्रयत्न किया और उनको अपने इस प्रयत्न में सफलता भी मिली।

इसका कारण यह नहीं था कि ईसाई धर्म के सिद्धांत अथवा उसका तत्त्वज्ञान हिंदू-धर्म की अपेक्षा उच्च कोटि का था। जो धर्म हजारों वर्ष पहले 'वेदांत' सिद्धांत के रूप में सृष्टि रचना के एकमात्र कारण 'परंब्रह्मा' की विवेचना कर चुका था और इस अखिल विश्व के अनादि और अनंत होने की घोषणा कर चुका था, उसकी तुलना ईसाई धर्म से कैसे की जा सकती थी। जो एक शरीरधारी ईश्वर द्वारा पाँच हजार वर्ष पहले सात दिन के भीतर इस दुनिया का निर्माण किए जाने पर विश्वास रखता था। भारतीय मनीषियों ने संसार को वेद और उपनिषदों का जो गंभीर ज्ञान दिया, उसकी समता 'बाईबिल' की कथाओं से, जिनमें ईसा के थोड़े से चमत्कार और राजाओं के किस्से ही पाये जाते हैं, कैसे की जा सकती थी ? पर वास्तविक बात यह थी कि इस समय हिंदू जाति अपने पूर्वजों की उस अपूर्व देन को भुला बैठी थी और उसके स्थान में थोड़े-से भ्रमपूर्ण पूजा-उपासना, कर्मकांडों को ही धर्म का सार समझ बैठी थी। यद्यपि वे अपने को राम, कृष्ण के वंशधर और अनुयायी कहते थे, पर स्वयं राम, कृष्ण अपने जीवन काल में जिस 'परम तत्त्व' का ध्यान और जप करते थे, उसको वे भूल गये थे और राम कृष्ण की मूर्तियों को ही साक्षात् परमेश्वर मान लिया था।

ऐसे समय में ईसाई धर्मोपदेशकों ने यहाँ के धर्म की जराजीर्ण अवस्था को देखा और अधिकांश भारतवासियों को अर्द्ध-सभ्य लोगों की तरह सैकड़ों प्रकार के अद्भुत

देवी-देवताओं की पूजा करते, देवी-देवताओं का विवाह करते, उनके सामने बकरे, भैंसे तथा अन्य जीव-जन्तुओं का बलिदान करते पाया गया। यह भी देखा कि ये लोग हजारों हिस्सों में बँटे हुए हैं, एक-दूसरे को ऊँच-नीच समझते हैं और इसलिए इनमें बहुत अधिक फूट फैली हुई है। यह दशा देखकर उन्होंने इस देश में अपने धर्म प्रचार की आशा से जोर-शोर से काम करना आरंभ किया और वे आशा करने लगे कि वह दिन दूर नहीं है, जब समस्त हिंदू जाति ईसा के झंडे तले एकत्रित हो जायेगी। इस स्थिति का वर्णन करते हुए श्री गंगाप्रसाद जी उपाध्याय ने अपनी पुस्तक- "राममोहन राय, केशवचंद्र सेन और स्वामी दयानंद" में लिखा है-

"जब से मुसलमानों और ईसाइयों का देश पर अधिकार हुआ, नैतिक परिवर्तनों के साथ-साथ धार्मिक विचारों में भी उथल-पुथल हुई। बाहर से आने वालों ने हिंदू-धर्म के इस जर्जरित वृक्ष को देखा और परामर्श दिया कि इस प्राचीन सूखे, फलरहित, अनावश्यक, भार रूप झाँकर को रखने से क्या लाभ? इसको उखाड़ क्यों नहीं फेंकते और इसके स्थान में एक ताजा, होनहार, 'चिकने-चिकने पात' वाला बिरवा क्यों नहीं लगालेते?"

इस परामर्श का भिन्न-भिन्न लोगों ने भिन्न-भिन्न प्रकार से स्वागत किया। कुछ कहते थे- ठीक तो है, शक्ति का अपव्यय करने से क्या लाभ? बाप का कुआँ है इसलिए ही पानी पियेंगे, चाहे खारा ही क्यों न हो, यह तो बुद्धिहीनता है। इस खारे कुएँ को छोड़ो और मीठे कुएँ का पानी पियो।" ऐसे लोग ईसाई होने लग गये। परंतु बहुतों को यह सूखा वृक्ष ही प्यारा था। वे कहते थे-

यही आस अटक्यो रहे, अलि गुलाब के मूल।

अइहें बहुरि वसंत ऋतु, इन डारन वे फूल।।

"ईसा की उन्नीसवीं सदी के आरंभ में हिंदू धर्म की यही अवस्था थी। अंग्रेजी राज्य भारत के कुछ भागों में स्थापित हो चुका था और कुछ में हो रहा था। इनमें से बंगाल ही सबसे पहले अंग्रेजी संस्कृति से प्रभावित हुआ। बंगालियों ने ही सबसे पहले अंग्रेजी सीखी, बंगाल में ही ईसाई धर्म सबसे पहले फैला।"

राजा राममोहन राय (सन् 1774 से 1833) इस संक्रांतिकाल में उत्पन्न हुए थे। वे जन्म से कट्टर वैष्णव थे और बाल्यावस्था में 'भागवत्' का पाठ करके ही भोजन करते थे। पर जब उन्होंने हिंदू धर्म की इस गिरती हुई दशा को देखा और ईसाई धर्म को दिन पर दिन उन्नति करते पाया, तो उनका मनोभाव बदलने लगा। उन्होंने समझ लिया कि यदि हिंदू-धर्म में थोड़ी-सी प्रचलित रीति-रिवाजों का ही नाम है और बिना सोचे समझे केवल मूर्तियों को सिर झुका देना, उन पर कुछ फूल-पत्ता चढ़ा देना, बताशों और लड्डुओं का भोग लगा देना ही इस धर्म का मुख्य लक्षण है तो इसका अंत

हो जाना ही अच्छा है। पर उनका हृदय हिंदू धर्म के ऐसे बिगड़े हुए रूप को सच्चा धर्म मानने को तैयार न था। उन्होंने वेदों और उपनिषदों का अध्ययन किया था और वे उनके उच्च तत्त्वज्ञान से परिचित थे। इसलिए वे उन्हीं उच्च सिद्धांतों को प्रकाश में लाने का विचार करने लगे।

उनके हृदय में भारतीय संस्कृति के प्रति अगाध श्रद्धा थी और जाति-प्रेम भी कम न था। इसलिए उनको यह सहन न हो सका कि एक विदेशी धर्म, जिसमें बाह्य गुणों के सिवा गंभीर दार्शनिक तत्त्वों का बहुत अभाव है, हिंदू धर्म को पददलित करें। साथ ही प्रचलित धर्म में भी उनको यह शक्ति दिखाई नहीं पड़ती थी, जो इन प्रबल आक्रमणों को सहन कर सके।

राममोहन राय इन तथ्यों पर विचार करके इस निष्कर्ष पर पहुँचे कि जब तक हिंदू-धर्म का नव-संस्कार नहीं किया जायेगा, तब तक न तो वह अन्य धर्मों के आक्रमण से अपनी रक्षा कर सकेगा और न अपने देश और संसार की उन्नति में कुछ सहयोग दे सकेगा। यह निश्चय करके, उन्होंने उस समय प्रचलित मूर्ति-पूजा के दोष दिखलाना आरंभ किया और "हिंदुओं की पौत्तिक धर्म-प्रणाली" नाम की पुस्तक लिखी। उनके ऐसे विचार देखकर उनके धर्मभीरू पिता श्री रामकांत राय उनके विरुद्ध हो गये और आपस में वैमनस्य होने लगा। जब राममोहन राय अपने विचारों को छोड़ने को तैयार न हुए और मूर्ति-पूजा के विरुद्ध उनके विचारों की सर्वसाधारण में बुराई होने लगी, तो रामकांत ने उनको 'अधर्मी' कहकर घर से निकाल दिया। उस समय उनकी आयु केवल सोलह वर्ष की थी।

घर से निकलकर राममोहन भारतवर्ष के विभिन्न भागों में भ्रमण करने और भारतीय धर्म के संबंध में विशेष ज्ञान प्राप्त करने लगे। पंजाब में उन्होंने गुरुमुखी भाषा सीखकर सिक्खों के धर्म ग्रंथ पढ़े, फिर हिंदी का अभ्यास करके दादू और कबीर के धर्म-सिद्धांतों का अध्ययन किया। अंत में उनकी इच्छा बौद्ध धर्म का रहस्य जानने की हुई और वे हिमालय को पार करके तिब्बत जा पहुँचे। वहाँ उन्होंने बौद्ध धर्म ग्रंथों के अध्यय तो किया, पर अपनी प्रकृति के अनुसार वहाँ की जनता में प्रचलित अंधविश्वासों का विरोध भी करते रहे। वहाँ के अनेक धर्मांध पुरुष इस पर इनको मारने को तैयार हुए, पर कुछ स्त्रियों ने उनकी थोड़ी उम्र पर तरस खाकर रक्षा की। इस घटना के फलस्वरूप नारी जाति की सहृदयता का उन पर बड़ा प्रभाव पड़ा और वे आगे चलकर अपने लेखों तथा भाषणों में सदैव स्त्री-जाति के गुण गाते रहे।

तिब्बत से लौटने पर इनके पिता ने इनको फिर रख लिया, पर इनका प्रचार कार्य बढ़ता ही गया। कुछ समय पश्चात् पिता का देहांत हो गया तो ये इस कार्य को और भी जोर से करने लगे। इससे उनके सभी पास-पड़ोसी और अन्य अंधविश्वासी

मनुष्य उनके विरोधी बन गये। वे मूर्ति पूजा का खंडन करके ब्रह्म-ज्ञान का प्रचार करते थे, इससे चिढ़कर रामजय नामक व्यक्ति ने, जो पास ही के गाँव में रहता था, जो चार-पाँच हजार मनुष्यों का मुखिया था, इनको तंग करना आरंभ किया। वह रात में इनके घर के सामने ढेरों कूड़ा-कचरा, मैला फिकवादेता था। बर्तनों में भरकर मल मूत्र, गाय की हड्डियाँ आदि घर के भीतर फेंक जाती थीं। राममोहन तो ऐसी बातों की कुछ भी परवाह नहीं करते थे और इन मूर्खताओं पर हँसते रहते थे, पर उनके घर वाले बहुत तंग होते थे। ये घटनायें राममोहन के 'धर्म-विरोधी' विचारों के कारण होती हैं, इसलिए वे इनसे असंतुष्ट भी होते थे। जब मामला बहुत बढ़ गया, तो इनकी माता श्रीमती फूलठकुरानी ने, जो घर की समस्त जमींदारी का प्रबंध करती थीं, इनको घर से निकाल दिया। पर वे इससे भी नहीं घबड़ाये और गाँव से बाहर श्मशान के पास अपने लिए एक पृथक् मकान बनवा कर उसमें रहने लगे। उस पर उन्होंने अपने सिद्धांत को प्रकट करने के लिए वेदांत शास्त्र का "ओ३म् ततसत् एकमेवाद्वितीयम् वाक्य मोटे अक्षरों में लिखवा दिया था। इतना सामाजिक अत्याचार सहकर भी वे अंधविश्वासों द्वारा पूजी जाने वाली अनगिनत मूर्तियों को परमात्मा' मानने को तैयार न हुए और "एक सर्वव्यापी ब्रह्म" का ही प्रचार करना उन्होंने अपने जीवन का व्रत बना लिया।

कुछ समय बाद वे अपने सिद्धांतों का अच्छी तरह से प्रचार करने के लिए कलकत्ता चले आये और एक छोटा सा मकान लेकर लेखों और पत्रिकाओं द्वारा अपने मंतव्य का सर्वत्र प्रचार करने लगे। अब तो समस्त बंगाल में शोर मच गया और लोग प्रचलित धर्म के विरुद्ध बातों को सुनकर राममोहन पर 'नास्तिक', 'पापी', 'अधर्मी, जाति बहिष्कृत आदि अपशब्दों की बौछार करने लगे। पर ये आक्षेप करने वाले कैसे धर्मात्मा' थे और उनका धर्म किन बातों में समाया था? उसका वर्णन करते हुए एक स्थान पर कहा गया है-

"उस समय सारा देश ही अज्ञान में डूब रहा था। मूर्ति पूजा का बाह्य रूप ही उसकी नस नस में घुस रहा था। लोग 'वेद' का नाम तो लेते थे, पर उसमें क्या है? यह किसी को मालूम न था। उपनिषदों से भी लोग अनजान थे। केवल दुर्गा देवी की पूजा में भैंसों बकरों का बलिदान, श्रीकृष्ण और राधा बनाकर लड़कों को नचाना, सावन भादों में झूले डालकर उत्सव करना, धूमधाम के साथ ठाकुर जी का रथ निकालना ये ही हिंदुत्व के मुख्य चिह्न थे और इन्हीं को लोग शास्त्रों का बतलाया 'धर्म' समझने लगे थे। गंगा स्नान करने से, साधु-ब्राह्मणों को दान देने से, तीर्थों में भ्रमण करने से, अन्न जल छोड़कर व्रत करने से पाप दूर हो जायेंगे, यह लोगों का विश्वास था। इन्हीं बातों में पवित्रता और पुण्य माना जाता था। सबको इन्हीं बातों

पर विश्वास था और इनके विरुद्ध कोई एक शब्द भी अपनी जुबान से नहीं निकाल सकता था।"

"छुआछूत का विचार धर्म का सबसे ऊँचा अंग माना जाता था।" यह भाव उस समय यहाँ तक बढ़ाहुआ था कि अंग्रेज सरकार के दफ्तरों में नौकरी करने वाले व्यक्ति दफ्तर से लौटने पर पहले 'म्लेच्छों' से छुएकपड़े घर के बाहर उतार देते थे, फिर स्नान पूजा करके जलपान कर सकते थे। अगर कभी कोई स्नान-पूजा न कर पाता तो वह पुरोहित को दंडस्वरूप कुछ भेंट करता था, जिससे उसका पाप धुल जाये। उस समय के पुरोहित, ब्राह्मण, जीते जागते अखबार थे। स्नान करके तिलक छापा लगाकर ये लोग संसार भर कि बातें घर-घर जाकर सुनाया करते थे। इन समाचारों में देश भर के दानदाताओं की नामावली होती थी। किसने कितना धन लगाकर दुर्गा पूजा की अथवा श्राद्ध किया ? इसका पूरा वर्णन रहता था। बहुत बार दानियों की प्रशंसा में श्लोक बनाकर भी सुनाये जाते थे। इसलिए बुराई के डर से और यश की इच्छा से लोग इन लंबी चोटी वाले 'पंडितों को खूब दान देते थे। ये लोग छोटी जाति वालों के गुरु बनकर, उनको अपना 'चरणामृत' पिलाकर भी खूब धन पैदा करते थे। ये लोग रात-दिन धर्म का शोर मचाते रहते थे, किंतु वेदशास्त्र का एक अक्षर भी न जानते थे। यहाँ तक कि बहुत से तो नित्यप्रति संध्या करते हुए उसका अर्थ तक नहीं समझते थे।"

ऐसी दशा में राममोहन जैसे सर्वप्रथम समाज सुधारक को अगर लोगों का विरोध सहन करना पड़े तथा हर तरह के अनुचित आक्षेपों को सुनना पड़े तो इसमें आश्चर्य की क्या बात है ? उनकी मूर्ति पूजा विरोधी बातों को सुनकर लोग चौंक पड़े और ऊटपटाँग बातें बकने लगे। बड़े लोगों की बैठकों में, पंडितों की पाठशालाओं में, गाँवों के मंदिरों में राममोहन राय की चर्चा सुनाई पड़ने लगी। स्त्रियाँ तक मूर्ति पूजा और श्राद्ध के विषय में इन नई बातों को लेकर कानाफूसी करने लगीं। एक प्रकार से बंगाल की समस्त हिंदू-जाति ही उनकी विरोधी बन गई।

पर राममोहन इन बातों से घबड़ाने वाले न थे। वे जानते थे कि जो व्यक्ति किसी भी समय में प्रचलित हानिकर और अंधविश्वासपूर्ण रीति-रस्मों का निराकरण करने को खड़ा होता है, उसे स्वार्थीजनों तथा अज्ञानग्रस्त जनता का ऐसा ही विरोध सहन करना पड़ता है। इसलिए वे अपने विरोधियों पर किसी तरह का गुस्सा अथवा आक्षेप न करके बड़े प्रेम और नम्रता से अपनी बातें बार-बार समझाते ही रहते थे। सत्य पर उन्हें बड़ा विश्वास था, ईश्वर पर उनकी दृढ़ श्रद्धा थी, पुनर्जन्म पर उनको पूरी आस्था थी। इन गुणों के कारण वे अनेक समझदार लोगों को अपनी तरफ आकर्षित कर लेते थे

अब उन्होंने व्यवस्थित रूप से अपने सिद्धांतों का प्रचार करना आरंभ किया। वे चार प्रकार से इस कार्य को करते थे- (1) बातचीत, व्याख्यान और शास्त्रार्थों से, (2) विद्यालय स्थापित करके। (3) पुस्तकें लिखकर, (4) सभाएँ और संस्थाएँ स्थापित करके। सबसे पहले उन्होंने वेदव्यास रचित 'वेदांत सूत्र' का भाष्य बंगला भाषा में लिखकर छपवाया। शंकराचार्य का लिखा इन सूत्रों का भाष्य, देश भर में प्रसिद्ध था ही पर राममोहन चाहते थे कि इस प्राचीन शास्त्र के द्वारा ही एक ब्रह्म की उपासना सिद्ध की जाये, जिससे धर्म व्यवसायी पंडितों को ज्यादा बोलने का मौका न रह जाये। इस ग्रंथ में उन्होंने जिन विशेष सिद्धांतों का प्रतिपादन किया था, वे इस प्रकार हैं-

(1) वेद एक निराकार, व्यापक परमात्मा की ही उपासना करने को कहता है।

(2) रूप और आकार रहित परमात्मा की भी उपासना की जा सकती है।

(3) ऊपरी दिखावटी बातों से परमार्थ की प्राप्ति नहीं हो सकती, मोक्ष केवल ज्ञान से ही होता है।

(4) लोग कहते हैं कि ब्रह्मज्ञानी को अच्छे-बुरे सुगंध का ज्ञान नहीं रहता, यह अज्ञान की बातें हैं।

(5) पुराणों और तंत्रों में जो साकार उपासना का उपदेश दिया गया है, वह बाल-बुद्धि वाले लोगों के लिए है, ज्ञानियों के लिए एक मात्र ब्रह्म की उपासना ही सत्य है।

स्वार्थी पंडितगण समझते थे कि इस प्रकार की बातों के फैलने से उनकी रोजी पर आघात लगेगा और फिर लोग बात-बात पर उनको दान-दक्षिणा नहीं देंगे। इसलिए लोगों को इन बातों के विरुद्ध तरह-तरह से भड़काते रहते थे और उनको उलटे सीधे सिद्धांत समझाकर राममोहन राय का विरोधी बनाने की चेष्टा करते थे। ऐसे लोग जब उनके पास आकर पंडितों की कही हुई बातों को सुनाते थे, तो वे सहज और सरल ढंग से उनका समाधान कर देते थे।

सबसे पहली शंका लोग यही करते थे कि यदि हम परमात्मा को बिना शकल-सूरत वाला मान लें, तो हम उसका ध्यान कैसे कर सकते हैं? इसके उत्तर में राम मोहनराय ने उनको समझाया कि अगर कोई बच्चा पैदा होते ही दुश्मनों के हाथ में पड़ जाये और उसे अपने पिता की शकल देखने का मौका न मिला हो तो वह अपने पिता का ध्यान कैसे करेगा? वह प्रार्थना करता हुआ यही कहेगा कि जिसने मुझे जन्म दिया है, उनकी वंदना करता हूँ। इसी प्रकार मनुष्य निराकार परमात्मा की प्रार्थना कर सकता है। जो यह कहते हैं कि निराकार की उपासना हो ही नहीं सकती, वे संसार पर निगाह डालकर देखें। ईसाई और मुसलमान, जो संख्या में हमसे बहुत अधिक हैं, निराकार की ही उपासना करते हैं। उनके सामने दूसरा तर्क यह उपस्थित किया जाता

था कि "हमारे सब भाई-बंधु एक ही तरह की उपासना करते हैं, यदि हम दूसरी तरह की करेंगे तो उनसे अलग हो जायेंगे, फिर जो रीति बाप-दादों से चली आई है उसका पालन करना ही चाहिए।" इसके उत्तर में राममोहन राय कहते थे कि एक-एक कुल न मालूम कितनी बार विष्णु का उपासक, कितनी बार शिव का उपासक, कितनी बार शक्ति (देवी) का उपासक बना है? वाममार्गी हिंदुओं को बुद्धदेव ने बौद्ध बना लिया था, फिर शंकराचार्य ने उनको ब्रह्म का उपासक बना डाला, फिर वे ही तरह-तरह के अन्य देवताओं के और अवतारों के उपासक बन गये। वास्तव में लोग जब अपनी भूल जान जाते हैं, तब पहले की बातें छोड़कर नई और उपयोगी बातें सदा से ग्रहण करते चले आये हैं। कुछ समय पहले लोग फारसी और अंग्रेजी भाषाओं को 'म्लेच्छ-भाषा' कहकर सीखना पाप समझते थे, पर बाद में उन्हें उपयोगी समझकर सीखने लगे। तब परलोक और इस लोक को सुधारने वाला रास्ता अपनाने में ही रीति-रिवाज का अड़ंगा क्यों लगाया जाये?

पंडित लोग फिर लोगों को बहकाते कि "जो 'ब्रह्मज्ञानी' होता है उसे सुगंध-दुर्गंध का ज्ञान नहीं रहता, आग-पानी में भेद नहीं दिखता, अपने पराये की पहचान नहीं रहती।" राममोहन राय समझाते हैं कि- "भाई, वे लोग किस आधार पर ऐसा कहते हैं? पंडित लोग यह भी कहते हैं कि नारद, जनक शुकदेव, वशिष्ठ, व्यास, कपिल, जैमनी आदि ब्रह्मज्ञानी थे। पर ब्रह्मज्ञानी होते हुए भी वे आग को आग और पानी को पानी ही मानते थे। वे लोग गृहस्थ भी थे, राज्य भी करते थे और शिष्यों को योग्यतानुसार उपदेश भी करते थे। फिर कैसे मान लिया जाये कि एक ब्रह्म के उपासक को अच्छे बुरे का ज्ञान ही नहीं होता?

पर पंडित लोगों का तो काम ही लोगों को बहकाकर पेट भरना था। वे कहते थे कि "जब पुराणों और तंत्रों में सूरत, शकल (आकार वाले) परमेश्वर की उपासना लिखी है, तब हम बिना सूरत-शकल वाले ब्रह्म की उपासना में हाथ ही क्यों डालें?" राममोहन राय कहते थे कि "जिन पुराणों और तंत्रों में परमात्मा की पृथक्-पृथक् शकलें मानकर उनकी पूजा करने की बातें लिखी हैं, उन्हीं पुराण व तंत्रों में जहाँ ज्ञान का विषय आया है, वहाँ साफ लिखा है कि उस परमात्मा का न कोई रूप है न रंग। वह बिना रूप-रंग और सूरत-शकल वाला अनादि, अनंत और सर्वव्यापक है। पुराणों में जहाँ कहीं किसी सूरत-शकल वाले ईश्वर का ध्यान करना लिखा है तो केवल इसलिए कि कमजोर दिल वाले मनुष्यों का चित्त इधर उधर डाँवाडोल होने से बचकर वे स्थिर रहना सीखें। फिर भी जो मूर्तियों की पूजा और ध्यान करते हैं, उनसे पूछना चाहिए कि वे उन्हें साक्षात् ईश्वर समझते हैं या ईश्वर की शकल? मूर्तियों की उपासना करने वाले भी उनको साक्षात् ईश्वर कहने में संकोच करेंगे, क्योंकि वे आदमियों के हाथ की बनाई हुई होती

हैं और एक दिन नष्ट भी हो जायेंगी। ऐसी चीज 'ईश्वर' कैसे हो सकती हैं? इसलिए मनुष्य को मूर्तियों की पूजा करने को ही धर्म अथवा ईश्वरोपासना का अंतिम लक्ष्य नहीं समझ लेना चाहिए, वरन् उपनिषदों और वेदांत शास्त्र का अध्ययन करके सर्वव्यापक परमात्मा के ध्यान का अभ्यास करना चाहिए।

इस तरह राममोहन राय उस समय अंधकार में पड़ी जनता का समाधान करके उसे समयोपयोगी मार्गदर्शन कराते थे, जिससे वे धर्म की दृष्टि से मनस्वी और बलिष्ठ बनकर विधर्मियों और विपक्षियों के बौद्धिक आक्रमण का मुकाबला कर सकें। उस समय लोग सब बातों में 'शास्त्र' की दुहाई देते थे और पंडित-पुजारी भी उनको 'शास्त्र' के नाम पर ही बहकाते थे। इसलिए वे भी अपनी बातों को शास्त्र द्वारा सिद्ध करने की ही कोशिश करते थे। उन्होंने धर्म का पेशा करने वाले पंडितों की अपेक्षा शास्त्रों को बहुत ज्यादा पढ़ा था और उनके गूढ़ आशय को भी समझा था, इसलिए अंत में पंडितों को ही निरुत्तर होना पड़ता था।

पंडितों के सिखाये हुए लोग उनके पास आकर यह शंका करते थे कि वेद का अनुवाद बंगाली भाषा में न होना चाहिए, क्योंकि इससे शुद्र भी उसे सुनने और समझने लगेंगे और पाप के भागी बनेंगे। राममोहन राय ने कहा-"पंडित लोग अपने शिष्यों को वेद, उपनिषद, स्मृति आदि पढ़ाते समय उनका अर्थ बंगाली भाषा में क्यों समझाते हैं? यदि बंगाली भाषा में समझाना बुरा नहीं, तो उसी बात को बंगाली भाषा में लिखना कैसे बुरा माना जा सकता है?

इस प्रकार राममोहन राय के धर्म सुधार कार्य में उन्हीं के भाई-बंधु पंडितगण जहाँ तक बना, बाधायें डालते गये और उन्हें हर तरह से हानि पहुँचाने का प्रयत्न करते रहे। पर जो महापुरुष आत्मा की आवाज सुनकर लोक-कल्याण का व्रत ग्रहण कर लेते हैं, वे ऐसे विघ्नों से घबराते नहीं और कष्टों को अपनी सच्चाई की परीक्षा मानते हैं। स्वयं राममोहन राय ने 'वेदांत सूत्र-भाष्य' के अंग्रेजी भाषांतर की भूमिका में लिखा है-

"ब्राह्मण वंश में जन्म लेकर मैंने इस देश को सुधारने के लिए जो सत्य और ज्ञान का रास्ता पकड़ा है, उससे मेरे वे भाई-बंधु दुश्मन बन गये हैं, जिनका पेट मूर्खतापूर्ण रीति-रिवाजों के कारण ही पलता था। पर कुछ भी हो, मैं ऐसे ही धीरज और विश्वास के साथ सब कुछ सहूँगा और एक दिन ऐसा जरूर आवेगा, जब मेरी साधारण चेष्टा को लोग न्याय की दृष्टि से देखेंगे और कृतज्ञतापूर्वक उसे स्वीकार करेंगे। वे लोग मेरे लिए कुछ भी कहें, पर मुझे इस बात का सुख है कि मेरे हृदय की बात अनेक विचारशील लोगों तक पहुँची है और वे धीरे-धीरे इस प्रकाश की ओर बढ़ रहे हैं कम से कम इस सुख से तो मेरे विरोधी मुझे वंचित नहीं कर सकते।"

उनका यह 'वेदांत-भाष्य' बहुत बड़ा ग्रंथ था, जिसे पढ़ने और समझने में अधिक समय और अधिक परिश्रम की आवश्यकता थी। इसलिए उसमें बतलाये गये सिद्धांतों का अधिक लोगों को परिचय देने के विचार से उन्होंने उसका संक्षेप करके 'वेदांत-सार' नामक पुस्तक छपवाई। उसी समय उसका अंग्रेजी अनुवाद करके भी छपा दिया। इस पुस्तक का इंग्लैंड में भी काफी प्रचार हुआ और एक भारतवासी की ऐसी उच्चकोटि की योग्यता देखकर अंग्रेज लोग भी चमत्कृत हो गये। इस पुस्तक में परमात्मा के निराकार स्वरूप का प्रतिपादन करते हुए राममोहन राय ने लिखा था-

"परमात्मा बिना आकार और बिना वर्ण वाला है। वह इंद्रियों से नहीं जाना जा सकता। ऐसी दशा में उसकी मूर्ति आदि बनाकर यह कहना कि परमात्मा ऐसी शकल वाला है। एक प्रकार से उसकी हँसी उड़ाना है। 'मुंडक उपनिषद् में कहते हैं- "न चक्षुषा गृह्यते नापि वाचा नान्यैर्देवैस्तपसा कर्मणा वा।" अर्थात्- आँखों से या आँखों के अतिरिक्त बाणी आदि अन्य इंद्रियों से अथवा तप, शुभ कर्म आदि से उस ब्रह्म को नहीं जाना जा सकता।" इसी प्रकार 'बृहदारण्यक' में बतलाया है- "अदृष्टो-दृष्टा अश्रुत श्रोता अस्थूलमनणु: "अथार्त् वह परमात्मा किसी को दिखाई नहीं पड़ता, पर वह सबको देखता है, उसे कोई नहीं सुन सकता, पर वह सब कुछ सुनता है। वह स्थूल अथवा सूक्ष्म भी नहीं है।"

राममोहन राय जनता के सम्मुख यह कहते थे कि निराकार ब्रह्म की उपासना करना मेरा बनाया हुआ कोई नया मत नहीं है, वरन् यही वेद और स्मृतियों का बतलाया प्राचीन मत है। समय के प्रभाव से लोग बाद में उसे भूलकर तरह-तरह के 'पंथ' बनाकर उन पर चलने लगे। पुराणों की कथायें सर्वथा सत्य नहीं मानी जा सकतीं, क्योंकि उनमें अनेक बातें असंभव हैं। पुराण तो मनोरंजन के साथ लोगों को सामान्य धर्म की शिक्षा देने के उद्देश्य से बनाये गये हैं। इस प्रकार जिस समय 'पंडित' नामधारियों ने वेद और शास्त्रों को एक अगम्य रहस्य बनाकर जनता को उनके ज्ञान रूपी प्रकाश से वंचित कर रखा था, तब राममोहन राय ने उनको सर्वसाधारण के सामने प्रकट करके, उनसे लाभ उठाने की प्रेरणा दी। उस समय के अधिकांश पंडित स्वयं ही वेदों से अपरिचित थे और लोगों में उन्होंने ऐसी ही भावना फैला रखी थी कि वेदों में भी दुर्गा, काली, शंकर, कृष्ण, राधा आदि की बातें हैं।

जब राममोहन राय वेदों, उपनिषदों और स्मृतियों के कुछ चुने हुए मूल वाक्यों को बंगाली भाषा में अनुवाद सहित प्रकट करना आरंभ किया और यह सिद्ध करने लगे कि वर्तमान समय में 'ब्राह्मण-पंडित' जो धर्म क्रियायें कराते हैं, वे वास्तव में वेद-विरुद्ध हैं, उस समय 'धर्म-जगत्' में एक बड़ा तहलका-कोलाहल मच गया। ब्राह्मण जिन वेदों की भनक भी शूद्रों के कानों में नहीं पड़ने देने थे।

उनकी पुस्तकें छपाकर राममोहन राय ने हिंदू, मुसलमान, ईसाई सबके हाथों में दे दी। जिस ॐ का उच्चारण करने पर शूद्रों की जीभ काट डालने का आदेश था, उसने प्रत्येक व्यक्ति को सिखा दिया। यह देखकर 'मंदिरमार्गी' हिंदू काँप उठे। धर्म व्यवसायी लोगों के हाथ में खिलौना बने हुए लोग पुकार उठे-घोर 'कलयुग' आ गया! पंडित, पुजारी, शास्त्रियों की आँखे क्रोध से लाल हो गईं। वे विवाह-समारोह, श्राद्धों के जमघट, ब्रह्मभोजों के अवसर पर हुलास सूँघते अथवा सुर्ती फाँकते हुए राममोहन राय को गालियाँ देने लगे।

जब विरोधियों ने देखा कि केवल गालियाँ देने से काम नहीं चल सकता और राममोहन राय की शास्त्रीय प्रमाणों से युक्त बातें पढ़कर कितने ही लोग उनके अनुयायी बनते चले जाते हैं, तो कुछ धनीमानी हिंदू और उनके सहारे पलने वाले पंडित पुस्तकें लिखकर उनको नीचे गिराने को तैयार हुए। कलकत्ते के एक भट्टाचार्य जी पंडित ने 'वेदांत चंद्रिका' नाम की पुस्तक छपवाई, जिसमें परमात्मा को 'शरीर वाला' सिद्ध करने की चेष्टा की थी। उनकी पुस्तक में प्रमाण तो बहुत कम थे, पर गालियाँ खूब दी गई थीं। राममोहन राय ने उसका उत्तर देते हुए लिखा- "भट्टाचार्य ने मुझ पर ताने कसे, बुरा भला कहा और गालियाँ लिखीं, उनका मैं कोई उत्तर नहीं दे सकता। परमार्थ और परमात्मा के संबंध में विचार करते समय गंदी भाषा लिखना मैं अच्छा नहीं समझता। इसके अतिरिक्त गालियाँ देकर लोगों में अपनी जीत दिखाना मेरे उद्देश्य के विरुद्ध है। इसलिए भट्टाचार्य जी यह समझ लें कि उनकी गालियों का उत्तर दे सकने में तो अवश्य कमजोर हूँ। रह गई परमात्मा को 'शरीर वाला' बतलाना, सो मेरी समझ में ऐसी बात कहना वेद-शास्त्रों की हँसी उड़ाना है। कठोपनिषद्, मुंडकोपनिषद्, ईशोपनिषद् के वाक्यों तथा अनेक वेद मंत्रों से ईश्वर का निराकार होना स्पष्ट रूप से प्रकट होता है।"

फिर चैतन्य-संप्रदाय के एक गोस्वामी ने उनके विरुद्ध एक पुस्तक छाप डाली। उसमें कहा गया कि- "जब ब्रह्म की कोई 'उपाधि' और बाह्य लक्षण नहीं है तो वेद उसके संबंध में कोई निर्णय कैसे कर सकते हैं? राम मोहन राय ने उत्तर दिया- "वास्तव में जितने पदार्थ इंद्रियों से जाने जा सकते हैं, ब्रह्म उनसे भिन्न हैं। पर 'बृहदारण्यक' के अनुसार संसार की उत्पत्ति, स्थिति और नाश को देखकर तथा जड़ शरीर की चैतन्य सत्तायुक्त प्रवृत्तियों के आधार पर 'परब्रह्म' के होने का पता लगता है।"

किसी 'कविताकार ने भी एक पुस्तक छपा डाली और शास्त्रीय प्रमाणों के बजाय दूसरे ही ढंग से आक्रमण किया। उसने लिखा कि "पिछले दो-तीन वर्षें vec H जो पानी की बाढ़ आ रही है और कितने ही गाँव उससे नष्ट हो गये हैं, उसका

कारण राममोहन राय का पाप ही है। न राममोहन शास्त्र-विरुद्ध प्रचार करते और न ये सब प्राकृतिक उत्पात होते।" राममोहन राय ने उत्तर दिया- "किसी का मंगल या अमंगल केवल अपने ही पाप-पुण्य से होता है। ईश्वर के विषय में तर्क करने या मूर्तिपूजा पर पुस्तकें लिखने से उसका कोई संबंध नहीं।" 'कविताकार ने यह भी लिखा कि "राममोहन राय अपने को ब्रह्मज्ञानी कहते हैं, पर ब्रह्मज्ञानी तो एकांत में मौन रहा करते हैं।" इसके उत्तर में उन्होंने कहा- "जो हृदय से धर्म को प्यार करता है, वह बाहरी ढकोसला नहीं बढ़ाया करता, वरन् अध्यात्मशास्त्र का अध्ययन मनन करके दूसरों में भी उसका प्रचार करता है।" एक आक्षेप यह भी किया गया था कि "राममोहन राय पुस्तक छपाकर जो घर-घर बिकवाते हैं, यह पाप है।" राममोहन ने कहा कि मेरा यह कार्य शास्त्रों के अनुकूल ही है।

वेदार्थ यज्ञशास्त्राणि धर्म शास्त्राणि चैव हि।

मूल्येन लेखायित्वायो दद्यादेति स वै दिवं।।

अर्थात्- "जो व्यक्ति वेदार्थ, यज्ञशास्त्र और धर्मशास्त्र मूल्य देकर लिखवाये और लोगों को देवे तो वह स्वर्ग को जाता है।"

"सुब्रह्मण्य शास्त्री नामक व्यक्ति ने भी प्रश्न किया कि- "ब्रह्मज्ञान के लिए वर्ण व्यवस्था की आवश्यकता है या नहीं?" राममोहन राय ने उत्तर दिया कि- "यदि किसी ने वेद का अध्ययन न किया हो और वर्णाश्रम धर्म के आचारों का पालन न करता हो तब भी वह ब्रह्मविद्या का अधिकारी है और उसे परमपद प्राप्त हो सकता है।"

पंडित काशीनाथ तर्कपंचानन ने 'धर्म संस्थापनाकांक्षी' के नाम से कितने ही प्रश्न किए। उन्होंने पूछा- "सदाचारहीन ब्रह्मज्ञान के अभिमानियों का जनेऊ पहनना क्या उचित है?" राममोहन राय ने उत्तर दिया- "इसमें 'सदाचार' शब्द का अर्थ स्पष्ट नहीं है। यदि उन्होंने इसका यह अर्थ माना हो कि अपने-अपने धर्मों के आचार-पालन का नाम सदाचार है, तो हम उन्हीं से पूछते हैं कि वे अपने 'सदाचार' का कितना पालन करते हैं? और यदि वे अपने शास्त्रोक्त आचार का पैसा भर भी पालन नहीं करते, तो पहले अपना जनेऊ उतारकर दूसरों का जनेऊ पहनना अनुचित बतावें।"

"धर्म-संस्थापनाकांक्षी" ने यह भी कहा कि 'महाजनो ये न गत: स पंथा' के अनुसार महाजनों ने जो किया है, उसी का नाम सदाचार है। पर 'महाजन' कौन है, इसका निर्णय कौन करे? यहाँ तो सब अपने-अपने आचार्यों को बड़ा और दूसरों को छोटा मानते हैं। वैष्णव लोग जिसको 'महाजन' कहते हैं, शैव और शाक्त उसकी निंदा करते हैं। यही हाल सभी संप्रदाय वालों का है।

फिर काशीनाथ तर्कपंचानन ने एक धनी सनातनधर्मी के कहने से 'पाखंड-

पीड़न' नामक एक बड़ा ग्रंथ लिखकर प्रकाशित कराया, जिसमें राममोहन राय को 'पाखंडी', 'नगरवासी बगुला', आदि अनेक अपशब्द लिखे गये थे। राममोहन राय ने बड़ी गंभीरतापूर्वक उसका सविस्तार उत्तर दिया, जिसका नाम था 'पथ्य-प्रदान'। इसमें तर्कपंचानन के प्रश्नों का उत्तर देते और बहुत-सी महत्त्वपूर्ण समस्याओं पर विचार किया गया। उदाहरणार्थ, उन्होंने प्रश्न किया कि 'महाभारत एक धार्मिक उपन्यास (कथा ग्रंथ) है या नहीं? चैतन्यदेव विष्णु के अवतार हैं, इसका शास्त्रीय प्रमाण क्या है? सदाचार क्या है और उसका निर्णय कैसे हो सकता है?

उपर्युक्त शास्त्रार्थ मूलक पुस्तकों के सिवा राममोहन राय ने और भी बहुत-सी उपयोगी पुस्तकें लिखकर प्रकाशित कीं, 'ब्रह्मनिष्ठ गृहस्थ के लक्षण' नामक पुस्तक में उन्होंने समझाया कि सच्चे ब्रह्मनिष्ठ को संसार में रहकर कैसा व्यवहार करना चाहिए? 'गायत्री उपासना का में विधान' में उन्होंने लिखा कि "बिना वेद पढ़े हुए गायत्री के ही द्वारा ब्रह्म की उपासना हो सकती है। जो ब्राह्मण गायत्री का नियमित जप करता है, वह अज्ञात रूप से ब्रह्म की ही उपासना करता है।" 'अनुष्ठान' नामक पुस्तक में उन्होंने उपासना का रहस्य समझाया और उपदेश दिया कि जो मनुष्य तुमसे भिन्न प्रकार से उपासना करता हो, उससे कभी द्वेष मत करो। तुम परमेश्वर की उपासना करते हो और दूसरे धर्म वाले भी उसी की उपासना करते हैं, तब तुममें और उनमें खास भेद क्या है? उपासना की विधि, उपासना में आहार-विहार के नियम, उपासना की दृष्टि से देश, दिशा और काल के कोई नियम हो सकते हैं या नहीं, उपासना का उपदेशक कौन बन सकता है?- आदि बातों पर उन्होंने प्रमाण सहित अच्छा विवेचन किया है। इसके पश्चात् उन्होंने 'ब्रह्मोपासना' नामक पुस्तक में 'ब्रह्म समाज' में उपासना के नियमों और विधान का विशेष रूप से वर्णन किया।

'प्रार्थनापत्र' नामक पुस्तक में राममोहन राय ने सब मतों के प्रति उदार भ्रातृ-भाव रखने का उपदेश दिया है। उन्होंने सब मतों का स्वयं गहरा अध्ययन किया था। वे अरबी के विद्वान थे और कुरान को सामने रखकर ही मुसलमानों को एकब्रह्म की उपासना का रहस्य समझाते थे। 'बाइबिल' को उन्होंने केवल अंग्रेजी में ही नहीं, ग्रीक और हिब्रू भाषा में भी ध्यानपूर्वक पढ़ा था और इस कारण वे ईसाई धर्म के तत्व को पादरियों की अपेक्षा भी अच्छी तरह प्रकट कर सकते थे। इस प्रकार के विस्तृत अध्ययन से उनके विचार बहुत उदार हो गये थे। इसलिए इस पुस्तक में उन्होंने यही शिक्षा दी है कि सच्चे धार्मिक व्यक्ति को कभी संकुचित विचार मन में नहीं लाना चाहिए। क्षुद्रता को त्यागना चाहिए। संसार के सब मतों और उनके अनुयायियों को अपना भाई समझना चाहिए।

'ब्रह्म-संगीत' में अपने और कुछ मित्रों के बनाये गायनों का संग्रह किया है।

एक बार जब 'कलकत्तागजट' में किसी लेखक ने उन पर यह आक्षेप किया कि वे अपनी 'आत्मीय सभा' में मूर्तिपूजकों के समान ही नाच गाना कराते हैं तो उन्होंने उत्तर दिया था कि "हमारी उपासना में नाच कभी नहीं हुआ, पर संगीत जरूर होता है। महर्षि याज्ञवल्क्य ने उपासना के समय संगीत की आज्ञा दी है। संगीत से मनुष्य के मन में एक दृढ़ भावना पैदा होती है।" उनके संग्रहीत इन संगीतों का उनके सामने ही काफी प्रचार हो गया और यह पुस्तक तीन-चार बार छापी गई। इसके बाद तो यह ब्रह्म समाज की मुख्य पाठ्य पुस्तक बन गई और पचासों बार छपवाकर प्रचारित की गई। इसके गायन ऐसे आध्यात्मिक भावना से परिपूर्ण थें कि ब्रह्मसमाजी ही नहीं मूर्तिपूजक भी इसका बड़ा आदर करते थे।

इस प्रकार ब्रह्मज्ञान की चर्चा उठाकर राममोहन राय द्वारा हिंदू-समाज की जाग्रति का एक बड़ा कदम उठाया गया। उत्तर भारत के अन्य प्रांतों की तरह बंगाल में भी बहुत समय से वेद और उपनिषदों की चर्चा बंद हो गई थी। संस्कृत पाठशालाओं में पंडितगण पुराण, स्मृति, न्याय आदि की शिक्षा ही शिष्यों को देते थे। हिंदू मात्र स्वीकार करते थे कि धर्म का मूल वेद ही है, पर वेद के संबंध में उनकी जानकारी नाममात्र को थी। जब लोगों ने राममोहन राय के मुख से 'वेद ब्राह्मण', 'गृह्य सूत्र', वेदांत भाष्य' आदि का नाम सुना और उनके मंत्रों के आधार पर ही उनको 'एकेश्वरवाद' (एक ही परमात्मा) का प्रतिपादन करते देखा, तो पुराने ढर्रे के पंडित हक्के बक्के रह गये, इसके फल से लोगों में फिर से अपने इस प्राचीन साहित्य की चर्चा आरंभ हुई, मैक्समूलर साहब ने समग्र वेदों के प्रकाशन की योजना की और स्वामी दयानंद आदि ने हिंदी प्रांतों में 'वेदों का झंडा' उठाकर प्राचीन भारतीय संस्कृति को पुनर्जीवित करने का कार्य आरंभ किया। इस प्रकार आधुनिक समय में सर्वसाधारण में वैदिक ज्ञान और उपनिषदों की अध्यात्म विद्या के प्रचार का सर्वप्रथम श्रेय राममोहन राय को ही है।

राममोहन राय ने ब्रह्मज्ञान और विविध कर्मों के समन्वय पर संस्कृत, बंगाली, हिंदी, अंग्रेजी, फारसी, अरबी आदि भाषाओं में जितने ग्रंथ लिखे उनको देखकर लोग उनके परिश्रम पर आश्चर्य करने लगते हैं। उनके छोटे और बड़े सभी ग्रंथो का निरीक्षण करने से विदित होता है कि उन्होंने प्रत्येक को बहुसंख्यक ग्रंथों का अध्ययन और मनन करके ही लिखा है। असाधारण बुद्धि और स्मरण शक्ति के साथ ही उनका परिश्रम भी असीम था। वे रात के दो-दो, तीन-तीन बजे तक जागकर पढ़ते और लिखते थे। इस प्रकार उन्होंने हिंदू-समाज के सुधार के लिए कितना परिश्रम किया और बदले में हजारों व्यक्तियों द्वारा अपशब्द और गालियाँ सहन कीं, इस पर विचार करने से उनको 'हिंदू-धर्म' की पदवी देना यथार्थ ही जान पड़ता है।

उस समय ईसाई पादरी भी देश में अपना जाल फैला रहे थे। मुसलमानों की एक्य-भावना के कारण उन पर तो ईसाइयों का प्रभाव बहुत कम हो पाता था। पर हिंदुओं की फूट को देखकर उन पर इन्होंने छापा मारना शुरू किया। अंग्रेजी शासन के आरंभिक दिनों में तो सरकार की नीति यह थी कि हिंदू धर्म के विरुद्ध कोई काम न किया जाये। अगर कोई पादरी भारतीय धर्म के खिलाफ कुछ कहता, तो सरकार को बुरा लगता था और वह उनको यहाँ से निकालकर वापस इंग्लैंड भेज देती थी। कारण यही था कि ऐसा होने से कदाचित् यहाँ के निवासी नाराज हो जाते और अंग्रेजी राज्य को नापसंद करने लगते। पर जब उनका शासन जम गया और सर्वसाधारण की तरफ से किसी तरह की आशंका नहीं रही, तब उन्होंने पादरियों को अपना प्रचार-कार्य करने की छूट दे दी। वे छोटे-छोटे ट्रैक्ट लिखकर हिंदू देवताओं की निंदा करते थे। शहर और कस्बों के बाजारों मेंखड़े होकर अपने धर्म की श्रेष्ठता और इस देश के धर्मों की हीनता बताते रहते थे। कुछ लोगों को धन आदि के लोभ में फँसाकर भी ईसाई बना लेते थे।

इन पादरियों का एक बड़ा अड्डा कलकत्ता के पास श्रीरामपुर में था, जहाँ से अपने धर्म का प्रचार करने के लिए 'समाचार चंद्रिका' नाम का अखबार प्रकाशित करते थे। सन् 1821 के किसी अंक में उन्होंने एक लेख छापा, जिसमें वेद, न्याय, पतंजलि योग दर्शन, मीमांसा, पुराण, पुनर्जन्म आदि का खंडन किया। उस समय राममोहन राय हिंदू-पंडितों के आक्षेपों का उत्तर देने में व्यस्त रहते थे तो भी अपने धर्म पर ईसाइयों का आक्रमण होते देखकर उनका स्वाभिमान जाग्रत हो गया। उन्होंने लेख का उत्तर लिखकर 'समाचार चंद्रिका' में ही छपने को भेजा। पर जब उसके संपादक ने उसे छापने से इनकार कर दिया, तो राममोहन राय ने फौरन 'ब्राह्मण संवधि' नाम का अखबार आरंभ कर दिया और ईसाइयों के आक्षेपों का जोरदार उत्तर दिया। उस समय बंगाल में प्रसिद्ध पंडितों और धनी जमींदारों की कमी न थी, पर किसी को यह नहीं सूझा कि जो हमारे संपूर्ण धर्म पर ही हमला कर रहा है। और उसे निगल जाने के मनसूबे बाँध रहा है, पहले उसका मुकाबला किया जाये, इसके बजाय वे हिंदू-धर्म की रक्षा के लिए चिंता करने वाले राममोहन राय ही पर अपना जोर दिखा रहे थे।

यह थी उस अवसर पर धर्म के ठेकेदार बनने वालों की मनोवृत्ति, जो आज भी बदली नहीं है। ये 'पंडित' तथा 'जातीय नेता' नामधारी जीव अपने उन भाइयों पर तो जो समाज में समयानुरूप सुधार करके उसे सशक्त और कार्यक्षम बनाना चाहते हैं, आक्रमण करने में बड़े चतुर और साहसी होते हैं। पर बैर भाव रखने वाले प्रत्यक्ष बाहरी शत्रुओं का सामना करने की कभी चर्चा भी नहीं करते। ऐसे घर के 'जयचंदों' का अस्तित्व किसी भी जाति, धर्म के लिए वास्तव में बड़े अभाग्य का विषय है।

ऐसे व्यक्ति अपने पेट पालन के धंधे और नेतागिरी को कायम रखने के लिए समाज को भेड़चाल पर ही कायम रखने का उद्योग करते रहते हैं। चाहे उसके सामने किसी कुएँ में गिरकर नष्ट हो जाने का खतरा ही क्यों न हो। जो लोग अपने भाइयों को इस खतरे की सूचना देकर सुरक्षित मार्ग पर चलने की सलाह देते हैं, वे ही उनको 'दुश्मन' जान पड़ते हैं, क्योंकि उनको भय लगता है कि कहीं ये हमारी 'नेतागिरी' और 'पेट के धंधे' को छीन न लें। इस प्रकार ये स्वार्थ-प्रधान और अदूरदर्शी लोग 'रेवड़ी के लिए मस्जिद ढहाने' की कहावत को चरितार्थ करते हैं। राममोहन राय सचमुच हम सब के श्रद्धा के पात्र हैं, जिन्होंने ईसाई-आक्रमणकारियों का अकेले होने पर भी सामना किया और उनके इरादों को बहुत कुछ असफल कर दिया।

पर राममोहन राय उस दशा में भी सच्चे ब्राह्मणों के विरुद्ध नहीं थे। पादरियों ने अपने लेख में ब्रह्मणों की भी निंदा की थी और हँसी उड़ाई थी। उसका उत्तर देते हुए राममोहन राय ने लिखा था-ब्राह्मण की पर्णकुटी, शाक का भोजन और भिक्षावृत्ति को देखकर उन्हें तुच्छ मत समझो, क्योंकि धर्म ऐश्वर्य के शिखर पर नहीं बैठता, ऊँची पदवियों के पीछे मारा-मारा नहीं फिरता और बड़ी-बड़ी हवेलियों में निवास नहीं करता।" पादरियों ने न्याय, मीमांसा, सांख्य आदि हिंदू-दर्शनों पर जो आक्षेप किए थे, उनका उत्तर राममोहन राय नेबड़ी योग्यतापूर्वक दिया। पुराण और तंत्रों के संबंध में प्रश्न किया गया था कि क्या उनमें असंभव गप्पबाजी और साकार उपासना नहीं है? राममोहन राय ने इसके उत्तर में 'बाइबिल' के ही बीसियों प्रमाण देकर बतलाया कि ऐसी बातों की ईसाइयों में कमी नहीं है, फिर वे हिंदुओं के पुराणों पर किस मुँह से आक्षेप करते है?

ईसाइयों ने प्रश्न किया कि "हिंदू-शास्त्रों के अनुसार जीवों को अपने कर्मों के अनुसार स्थावर और जंगम योनियों में आना पड़ता है। पर हिंदुओं का ही एक संप्रदाय मृत्यु के पश्चात् कुछ नहीं मानता। इनमें से कौन-सी बात ठीक मानी जाये? राममोहन राय ने उत्तर दिया- "किसी हिंदू शास्त्र में नहीं लिखा कि मृत्यु के पश्चात् कुछ नहीं होता। यह केवल नास्तिकों का मत है। शास्त्र तो कहता है कि इसी संसार में पुण्य-पाप का फल मिलता है या ईश्वर पाप और पुण्य के अनुसार मृत्यु के पश्चात् स्वर्ग और नरक देता है। यही बात ईसाई धर्म में भी मानी जाती गई है कि खुल्लमखुल्ला दान करने से इसी जन्म में फल मिलेगा। बाइबिल में यह भी बतलाया है कि इस शरीर के नाश होने पर ईश्वर कयामत के दिन जीव को फिर शरीर देगा और इस शरीरयुक्त जीव से पुण्य और पाप का फल भुगतेगा। यदि ईसाई लोग ऐसी सृष्टि नियम के विरुद्ध बात को मान सकते हैं, तो सृष्टि नियम के अनुकूल इसी जगत् में दोबारा शरीर मिलने (पुनर्जन्म) पर वे क्यों आश्चर्य करते हैं?"

इस प्रकार ईसाइयों के साथ राममोहन राय ने बहुत समय तक लेख और पुस्तकें लिखकर शास्त्रार्थ किया और उनको निरुत्तर कर दिया। राममोहन राय ने मूल हिब्रू बाइबिल के प्रमाण देकर ईसाई धर्म में प्रचलित कितने ही विश्वासों का खंडन कर दिया। पादरी उनका कुछ उत्तर न दे सके तो वे भी राममोहन राय को अपशब्द कहने लगे, जो उनकी हार की निशानी थी, क्योंकि शास्त्रार्थ में गाली वही बकता है,, जिसके पास उत्तर देने के लिए उचित तर्क और प्रमाण नहीं होते। राममोहन राय तो सदैव शांत और गंभीर रहते थे, क्योंकि अपने अध्ययन और परिश्रम के बल पर वे प्रमाणों के ढेर लगा देते थे। उन्होंने ईसाइयों के इस प्रकार गाली बकने पर लिखा- "सभ्यता ने मुझे ऐसी बातों का उत्तर देने से रोका है, पर मेरे विपक्षियों को स्मरण रखना चाहिए कि वे शुद्ध कर्म पर वाद-विवाद कर रहे हैं, दुर्वाक्य लिखने से उनका कोई लाभ नहीं हो सकता।"

वास्तव में राममोहन राय ईसाई धर्म के भी विरोधी नहीं थे। ईसाई पादरियों से वाद-विवाद करने के लिए उन्होंने जो उनके धार्मिक-ग्रंथों का गहरा अध्ययन किया, उससे उनको उस धर्म के विषय में बहुत अधिक ज्ञान हो गया और कुछ समय पश्चात् उन्होंने "प्रिसेप्ट्स ऑफ जीसस टू पीस एंड हैपीनेस" (ईसा मसीह के सुख और शांतिदायक उपदेश) नामक पुस्तक लिखी। भारत में रहने वाले पादरियों ने तो वाद-विवाद की मनोवृत्ति के कारण इसका भी विरोध किया, पर इंग्लैंड एवं अमेरिका में इसका बड़ा आदर किया गया औरइंग्लैंड में इसे कई बार छापकर प्रचारित किया गया। योरोप की अन्य अनेक भाषाओं में भी इसका अनुवाद किया गया। एक भारतवासी की ऐसी अगाध विद्या, बुद्धि और योग्यता देखकर योरोप वाले आश्चर्य करने लगे। इसका यह परिणाम हुआ कि जब सन् 1830 में राममोहन राय विलायत गये तो वहाँ की जनता और बड़े-बड़े धार्मिक नेताओं ने उनका बहुत स्वागत किया और अपने गिर्जाघरों में बुलाकर बड़े आदर के साथ उनकी अभ्यर्थना की।

इंग्लैंड की धार्मिक जनता पर उनका कितना अधिक प्रभाव पड़ा था, इसका वर्णन करते हुए उनके जीवन चरित्र की विदुषी लेखिका मिस मेरी कारपेंटर ने लिखा था- "राजा राममोहन राय के इंग्लैंड पहुँचने के पहले ही उनका यश वहाँ के घर-घर में पहुँच चुका था। राममोहन राय के पहुँचने के पहले ही वहाँ के कितने ही ईसाइयों ने उनकी विद्या-बुद्धि के विषय में कई ट्रैक्ट छपाकर बाँटे थे। इंग्लैंड वाले समझने लगे थे कि अब पूर्व से एक महात्मा का उदय होने वाला है। सारा इंग्लैंड भारत माता के सपूत का स्वागत करने को तैयार था।" भारत और मिसर का भ्रमण" पुस्तक के लेखक-लेफ्टिनेंट कर्नल फीट सक्लारेंस ने लिखा था- "वे (राममोहन राय) संस्कृत के ही पंडित नहीं बल्कि अंग्रेजी के भी बड़े विद्वान् है। अंग्रेजी हमारी मातृभाषा है, पर

वे ऐसी ही धारा प्रवाह अंग्रेजी बोलते थे जैसा एक अंग्रेज वक्ता बोलता है। उन्होंने स्पष्ट रूप से सिद्ध कर दिया है कि हिंदू धर्म शुद्ध एकेश्वरवादी है।

उन्होंने धार्मिक विषयों पर जो कुछ लिखा था, वह इतना विद्वतापूर्ण था कि फ्रांस के लोगों ने उनको बुलाकर उनका स्वागत समारोह किया। फ्रांस के सम्राट् लुई फिलिप ने उनको बुलाकर सम्मान किया, उनके साथ एकटेबिल पर बैठकर भोजन किया। पेरिस की एशियाटिक सोसायटी ने उनको अपना 'सम्मानित सदस्य' (आनरेरी मेंबर) बनाया। महाकवि टॉमस मूर ने एक प्रसिद्ध होटल में उनको दावत दी। उन्होंने अपनी डायरी में राजा राममोहन राय की बड़ी प्रशंसा लिखी है। यह है उनकी विद्वता और महानता का प्रमाण कि फ्रांस जैसे दूरवर्ती देश में, जहाँ की भाषा भी वे नहीं जानते थे और जहाँ केवल दो-चार मास के लिए भ्रमण करने को गये थे, उनका इतना आदर किया गया और उनके कारण भारतवर्ष और भारतीय धर्म का भी महत्त्व स्वीकार किया गया, पर यहाँ अपने देश में 'शास्त्री जी और भट्टाचार्य जी' की दृष्टि में वे 'नास्तिक, पतित और जाति बहिष्कृत' ही बने रहे ! अब पाठक स्वयं ही विचार करें कि इन दोनों में से किसको हिंदू-धर्म का भक्त, सेवक और रक्षक माना जाये ?

विलायत और फ्रांस में इस प्रकार ईसाइयों द्वारा सम्मानित किए जाने और गिर्जाघरों में जाकर प्रार्थना करने का आशय यह नहीं था कि उन्होंने अपनी जाति और धर्म को त्याग दिया था। विलायत में रहकर भी वे अपनी 'ब्रह्म उपासना' उसी प्रकार करते थे और वहीं पर देहांत हो जाने पर जब उनके शव से वस्त्र उतारे गये तो शरीर परयज्ञोपवीय मौजूद था। मरने से पहले वे यह भी कह गये थे कि उनको ईसाइयों के कब्रिस्तान में न दफनाया जाये वरन् हिंदुओं की विधि से अलग स्थान में समाधि दी जाये।

राममोहन राय सती किए जाने की क्रूरता से बाल्यावस्था से ही परिचित थे, जब उनके बड़े भाई की विधवा को उनकी आँखों के सामने बलपूर्वक सती किया गया था, अंग्रेज शासक इस प्रथा को बहुत बुरा मानते थे, पर उनको यह डर लगता था कि इसमें हस्तक्षेप करने से शायद इस देश में अशांति फैल जायेगी और हमारे नव स्थापित राज्य के लिए एक बड़ा खतरा पैदा हो जायेगा। इसलिए उन्होंने पंडितों से सम्मति लेकर आरंभ में यह आज्ञा प्रचारित की कि 'सती होने वाली स्त्री से यह मालूम कर लिया जाये कि वह अपनी राजी-खुशी से और होश-हवास में सती होती है या किसी प्रकार की जबर्दस्ती के कारण ?" क्योंकि पंडितों के मतानुसार शास्त्रों में किसी स्त्री को बलपूर्वक सती करने का विधान न था और उसे निंदनीय बतलाया गया था। पर उस समय, कम से कम बंगाल में तो 100 में से 90 सतियाँ बहकारक ही

की जाती थीं और एक बार चिता पर बैठा दिये जाने के बाद उसे भाले और तलवारों से वहीं पर बैठे रहने को विवश किया जाता था।

इसीलिए जब राममोहन राय ने सती प्रथा के विरुद्ध आंदोलन आरंभ किया तो एक तरफ तो सरकार एक प्रभावशाली विद्वान को अपना सहायक और समर्थक पाकर प्रसन्न हुई, पर दूसरी ओर हिंदू-जाति का अंधविश्वासी समुदाय उन पर टूट पड़ा, उनको धर्मद्रोही और जातिद्रोही कहा जाने लगा। बड़ी-बड़ी सभायें करके प्रस्ताव पास किये जाने लगे कि राममोहन राय के कहने से सरकार सती-प्रथा को बंद न करे। पर परोपकार के लिए जीवन अर्पण करने का संकल्प करने वाले इन बाधाओं के कारण कब पीछे पैर हटा सकते थे? उन्होंने अंग्रेजी लेखों द्वारा अंग्रेज समाज पर इतना प्रभाव डाला कि अंत में वे उन्हीं के पक्ष में हो गये।

सती प्रथा को अनुचित सिद्ध करने के लिए राममोहन राय ने मुख्यतः तीन दलीलें पेश कीं-

(1) शास्त्रों में सती होना आवश्यक नहीं माना गया है। कहीं भी यह नहीं लिखा है कि यदि कोई सती न हो तो उसे पाप लगेगा।

(2) काम्य-कर्म को शास्त्रों में हीन कहा गया है और सती होना एक काम्य-कर्म ही है। फिर शास्त्रों में ही सती होने की अपेक्षा विधवा का ब्रह्मचर्य व्रत पालन करना अधिक श्रेष्ठ बतलाया है।

(3) शास्त्रों में सती के सब काम उसकी इच्छानुसार होने चाहिए। वह अपने आप संकल्प करे, अपने आप चिता पर बैठे और शांति से जलकर मर जाये, पर ऐसा कहीं नहीं होता। सती के नाम पर सर्वत्र नारी-हत्या की जाती है, इसलिए यह प्रथा बंद की जानी चाहिए।

राममोहन राय ने सती प्रथा पर बंगाली और अंग्रेजी में तीन पुस्तकें लिखकर मुफ्त बँटवाईं। अंग्रेजी पुस्तकों को उन्होंने उस समय के वायसराय लार्ड हेस्टिंग्स की पत्नी श्रीमती मार्किवस ऑव हेस्टिंग्स को समर्पित किया था। इसका अंग्रेजी अधिकारियों पर बहुत अच्छा प्रभाव पड़ा। सन् 1819 के 'इंडिया गजट' में लिखा गया था- "इस देश के एक अति प्रधान विश्व-हितैषी ने सतीदाह की कठोर प्रथा का आंदोलन उठाकर शासकों की विशेष सहायता की है। बड़े उत्साह से उसने अपनी सम्मति वायसराय के सामने रखी है। थोड़े दिन पहले वायसराय उनसे मिले थे और बड़े आदर के साथ उनकी बातें सुनी थी। हमें मालूम हुआ कि गवर्नर जनरल इस प्रथा को बंद कर देंगे, क्योंकि ब्रिटिश शासन के लिए इससे बढ़कर और कोई कलंक नहीं हो सकता।" फिर भी इस समस्या पर सब पहलुओं से विचार करने और विरोधियों की बातों का निराकरण करने में कुछ वर्ष लग ही गये। बीच में लार्ड आमहर्स्ट गवर्नर

जनरल बनकर आ गये, जो इस खतरे को उठाना नहीं चाहते थे और इसलिए मौन ही बने रहे, सन् 1828 में लार्ड विलियम बैंटिक आये जो बड़े सुधारप्रिय थे। उन्होंने राजा राममोहन राय को बुलाकर उनसे सलाह की और सन् 1829 की 4 दिसंबर को कानून बनाकर सदा के लिए सती-प्रथा को बंद कर दिया। दो-तीन दिन के भीतर ही इस कानून का हुक्म मजिस्ट्रेटों के पास भेज दिया गया और अनगिनत विधवाओं की तकदीर फिर गई।

इधर अंध-विश्वासियों की 'धर्म सभा' भूखी बिल्ली की तरह उछल-कूद मचाने लगी। राममोहन राय के ऊपर चारों तरफ से अपशब्दों और शापों की वर्षा होने लगी। एक बड़ी सभा करके उन्हें पूरी तरह जाति-बाहर किया गया। कलकत्ते के कितने ही प्रभावशाली व्यक्ति कहने लगे कि उन्हें जान से मार दो।' उनके पास इस प्रकार की धमकी के कई पत्र आये भी। सचमुच वह समय राममोहन राय और उनके साथियों के लिए बड़े संकट का था। उनके सब मित्र और हितैषी उनको समझाते थे कि अकेले बाहर मत निकला करो, एक विश्वासी आदमी जरूर साथ रखो। पर उनको अपने आत्मबल और शरीरबल पर भरोसा था, इससे निडर होकर सर्वत्र आते-जाते थे। हाँ, उन दिनों आत्म-रक्षा के भाव से अपने जेब में एक कटार अवश्य रख लेते थे।

लार्ड बैंटिक ने सती-प्रथा बंद की थी, इसलिए उनके प्रति कृतज्ञता प्रकट करने के लिए राममोहन राय ने एक अभिनंदन पत्र दिया। इसके लिए कलकत्ता के टाउन हाल में 16 जनवरी, 1830 को एक सभा की गई, जिसमें तीन सौ के लगभग गणमान्य व्यक्ति उपस्थित थे। 'धर्म-सभा' भी चुप नहीं बैठी थी। उसने सतीदाह के कानून को रद्द करने के लिए इंग्लैंड की सरकार के पास अर्जी भेजी, पर वहाँ सब लोग वास्तविक स्थिति को समझ चुके थे, इससे कोई परिणाम न निकला।

सती-प्रथा को बंद कराके उन्होंने अपना ध्यान बहु-विवाह की तरफ दिया। यह भी एक ऐसी निंदनीयप्रथा थी, जिसके कारण बंगाल में लाखों स्त्रियों का भाग्य जान बूझकर पत्थर से फोड़ दिया जाता था। उस समय बंगाल में ऐसा कुलीन ब्राह्मण कदाचित् ही कोई मिल सकता था जिसने एक ही स्त्री से विवाह किया हो। बल्कि सुनने में तो यहाँ तक आता था कि ऐसे भी व्यक्ति मौजूद हैं, जो १०८ स्त्रियों से विवाह कर चुके हैं। दस दस और पाँच पाँच विवाह करना तो मामूली सी बात थी। कारण वही था कि जो लोग गरीबी के कारण अपनी लड़की का अच्छा विवाह नहीं कर सकते थे अथवा जिनको 'कुलीन' वर की सनक होती थी, वे पुण्य की निगाह से अपनी पुत्रियों का विवाह ऐसे लोगों से कर देते थे, जिसका पेशा ही विवाह करना होता था। उस समय बंगाल में ऐसी लाखों स्त्रियाँ थीं, जिनका केवल विवाह संस्कार

ही पति के साथ हुआ था। पर जिन्होंने कभी पतिगृह के दर्शन भी नहीं किए थे। वे बाप के घर में रहकर ही बूढ़ी हो जाती थीं।

इस प्रकार के अनेक बहु-पत्नी वाले तो कोई धंधा-रोजगार भी नहीं करते थे। वे महीने-महीने, पंद्रह-पंद्रह दिन एक-एक स्त्री के घर रहकर अपनी उमर बिता देते थे। राममोहन राय ने इस संबंध में बहुत से लेख और पुस्तिकायें लिखकर खूब प्रचार किया, जिससे इसकी बुराइयाँ लोगों की समझ में आने लगीं और धीरे-धीरे इस प्रथा में बहुत कमी हो गई। उन्होंने जाति भेद की नि:सारता तथा उसकी हानियों के संबंध में भी बहुत कुछ लिखा और संस्कृत के 'वज्र-सूची' नामक ग्रंथ का बंगला अनुवाद करके प्रकाशित किया, जिससे वर्तमान जाति-भेद का खंडन होता था।

अपने इस समाज सुधार संबंधी सिद्धांतों का प्रचार करने के उद्देश्य से राममोहन राय ने कलकत्ता में अपने कुछ मित्रों और सहयोगियों को लेकर सन् 1815 में ही 'आत्मीय सभा' के नाम से एक संस्था स्थापित की थी। इसमें प्रति सप्ताह वेद-पाठ होता था और ब्रह्म-संगीत गाये जाते थे। कुछ लोग ऐसे ही परीक्षा लेने के विचार से इसमें आते थे, पर अपने संकीर्ण विचारों के कारण फिर छोड़ देते थे। एक जय कृष्णसिंह नामक व्यक्ति ने इसको छोड़ कर यह अफवाह फैलाई कि 'आत्मीय सभा' में सब मिलकर बैल को काटते हैं? इस प्रकार के विरोध के कारण अनेक लोग इनको छोड़कर चले गये तो भी वह अपने विचारों पर दो-चार मित्रों के साथ प्रतिदिन 'परमात्मा की प्रार्थना' कर ही लेते थे। विरोधियों ने राममोहन राय पर कुछ लोगों को भड़काकर झूठे-सच्चे मुकदमे भी चलवा दिये, पर तब भी वे निराश नहीं हुए। सन् 1819 में सभा का एक बड़ा अधिवेशन हुआ। उसमें पुराणपंथियों के नेता राजा राधाकांत देव अनेक शास्त्रियों को लेकर आये और राममोहन राय के सिद्धांतों को गलत साबित करने की बहुत चेष्टा की, पर विजय राममोहन राय की ही हुई।

इस प्रकार आठ-दस वर्ष चलने के पश्चात् ऐसा समय आया राममोहन राय और उनके सहयोगी जब श्री द्वारकानाथ ठाकुर, कालीनाथ मुंशी, प्रसन्नकुमार ठाकुर आदि ने निश्चय किया कि इस संस्था को स्थायी रूप प्रदान किया जाये। तब उन्होंने 1828 में एक मकान किराये पर लेकर इसको 'ब्रह्म समाज' के नाम से स्थापित किया और उसके उद्देश्य इस प्रकार निश्चित किए-

(1) वेद और उपनिषदों को मानना चाहिए।

(2) इनमें एक ईश्वर का प्रतिपादन किया गया है।

(3) मूर्तिपूजा वेदानुकूल नहीं है इसलिए इसे त्याज्य समझा जाये।

(4) बहु-विवाह, बाल-विवाह, सती प्रथा सब वेद विरुद्ध और त्याज्य हैं।

(5) ईसाई धर्म में भी बहुत से अच्छे लोग हैं, परंतु ईसाई धर्म किसी तरह हिंदू धर्म से श्रेष्ठ नहीं हो सकता। यह आवश्यक नहीं कि शासकों के धार्मिक विचार भी उच्च और सत्य हों। यह उनकी बड़ी भूल है कि वे पराजित जाति पर अपने धर्म को आरोपित करें।

इस समाज का प्रचार बढ़ने लगा और सन् 1819 में ही इसके निजी भवन की नींव रख दी गई और उसी वर्ष सभा का कार्य उसमें होने लग गया। राममोहन राय ने इसकी नियमावली और उपासना-पद्धति ऐसे बनाने की चेष्टा की थी, जिससे उसके सदस्यों में मतभेद का अवसर ना आवे, उन्होंने कहा कि किसी संप्रदाय में तीन बातों पर ही मतभेद हुआ करते हैं- (1) उपास्य देवता के विषय में (2) उपासक कौन हो सकता है ? (3) उपासना प्रणाली।

(1) पहली बात के संबंध में राममोहन राय का मत था कि ब्रह्मांड का उत्पन्नकर्त्ता, रक्षणकर्त्ता और संहारकर्त्ता अनादि, अगम्य, अपरिवर्तनशील, सर्वव्यापी परमात्मा ही उपासना के योग्य है। किसी प्रकार के सांप्रदायिक नाम से उसकी उपासना करनी ठीक नहीं।

(2) उपासक कौन हो सकता है ? जो हार्दिक श्रद्धा से प्रेरित होकर परमात्मा की उपासना करने आवे, उसके लिए ब्रह्म-समाज का दरवाजा सदा खुला है। वह किसी जाति, किसी संप्रदाय, किसी धर्म, किसी समाज और किसी देश का हो, इसका कुछ विचार न किया जायेगा, समाज-भवन में उपासना करने का सबको पूर्ण अधिकार है।

(3) उपासना प्रणाली क्या होगी ? कोई चित्र, मूर्ति या आकार वाली मूर्ति कदापि काम में न लाई जायेगी। भोग, प्रसाद, बलिदान, मानता आदि कोई सांप्रदायिक बात न होगी। किसी प्रकार का खान-पान, भंडारा आदि न होगा। किसी मनुष्य या समाज की यहाँ हँसी, निंदा, चित्त दुःखाने वाली बात न होगी, जिससे सृष्टिकर्त्तापरमात्मा का ध्यान, धारणा बढ़े और प्रेम, नीति, दया, भक्ति, साधुता की उन्नति हो, ऐसे ही उपदेश और संगीत यहाँ पर होंगे और किसी प्रकार के नहीं।

इस प्रकार राममोहन राय ने कोई नया धर्म नहीं चलाया, वरन् प्राचीन भारतीय मान्यता को ही फिर से आजकल की भाषा और शैली में प्रकाशित किया। निराकार ईश्वर की उपासना क्या नई बात है ? हजारों ऋषि-महर्षि निराकार की उपासना ही करते रहते हैं। सब उपनिषदों में निराकार परमात्मा की ही उपासना भरी हुई है। सब जाति, वर्ग और संप्रदाय वाले एक ही प्रकार से निराकार ईश्वर की उपासना करें। यह प्रचलित प्रथा के विरुद्ध जान पड़ता था। पर इसमें भी नया कुछ नहीं था क्योंकि आरंभ में जाति, वर्ण, संप्रदाय थे ही नहीं, तब उपासना के विषय में किसी को कैसे

पृथक् किया जा सकता था ? इसी के आधार पर राममोहन राय ने कहा- "ब्राह्मण और चांडाल, हिंदू और मुसलमान सब आओ और भाई-भाई बनकर एक निराकार ईश्वर की उपासना करो। सब भेदभाव भूलकर, सार्वभौमिक भाव से एकमात्र निराकार, अगम्य अनादि परंब्रह्म की पूजा करो।" पर द्वेष बुद्धि वालों को इसमें भी अधर्म और पाप ही जान पड़ा और वे उनको क्रिस्तान, म्लेच्छ आदि बतलाने लगे, यद्यपि श्रीमद्भगवद्गीता में भगवान् कृष्ण ने भी यही बात कुछ इस प्रकार कही है-

विद्या विनय सम्पन्ने ब्राह्मणे गवि हस्तिनि।

शुनि चैव श्वपाके च पंडिताः समदर्शिनः।। (अध्याय 5-18)

अर्थात्- "पंडित लोग विद्या विनययुक्त ब्राह्मण तथा चांडाल में, हाथी, गौ और कुत्ते में समभाव रखने वाले होते हैं।"

पर एक आजकल के पंडित हैं, जिन्होंने 'टका-धर्म' को अपना रखा है और समभाव तथा विश्वबंधुत्व की बातों को अर्थवाद (प्रशंसात्मक) कह कर टाल देते हैं। ऐसे ही 'पंडितगण' राममोहन राय से लेकर गांधी जी तक को 'नास्तिक और पापी' बतलाते आए हैं और अंधविश्वास के गर्त में पड़ी अशिक्षित जनता को बहकाते रहते हैं। राममोहन राय के प्रयत्नों को नष्ट करने के लिए उन्होंने भी 'धर्म-सभा' कायम कर दी थी। इस सभा का यही काम था कि हर तरह से ब्रह्म समाज की बुराई करें। राममोहन राय ने अपने विचारों का प्रचार करने के लिए 'संवाद कौमुदी' नामक पत्र निकाला, तो 'धर्म सभा' वालों ने भी 'चंद्रिका' नाम का समाचार पत्र प्रकाशित करना आरंभ कर दिया। शहर के बड़े-बड़े जमींदार और धनी लोग उत्साहपूर्वक उसमें भाग लेने लगे और एक लाख का 'फंड' उसके संचालन के लिए इकट्ठा किया गया। चितपुर रोड के एक बड़े मकान में सभा का अधिवेशन होता था। कहते हैं कि उस समय तमाम रास्ता इन लोगों की गाडियों से रुक जाता था।

एक तरफ ऐसे 'धर्म-मूरत' धनी, जमींदार और पूजा-पाठ से पेट भरने वाले पंडित लोग थे और दूसरी तरफ एक निराकार ब्रह्म की उपासना को ही सत्य समझने वाले राममोहन राय और उनके थोड़े-से उत्साही सदस्य थे। एक लेखक के कथनानुसार "जो राममोहन राय की संस्था में सम्मिलित हुए थे, वे भी सर्व साधारण में बड़ी निंदा की दृष्टि से देखे जाते थे और उन पर उँगलियाँ उठती थीं। रास्ते में निकलते हुए लोग उन्हें सुना-सुनाकर 'नास्तिक' पाखंडी, धूर्त, आदि उपाधियों से विभूषित करते रहते थे। एकमात्र परमात्मा पर विश्वास रखकर और अपने नेता के प्रोत्साहन से वे सब अत्याचार शांति से सह लेते थे। न उन लोगों के पास जन-बल था, न धन-बल और न कोई ऊपरी आडंबर, पर धर्म-सभा का आडंबर बड़ा भारी

था। उसकी सजावट और तड़क भड़क से साधारण बुद्धि वाले यही समझते थे कि 'ब्रह्म-समाज' अब छूमंतर की तरह उड़ जायेगी। किसे आशा थी कि यह छोटा-सा वट का बीज एक दिन विशाल वृक्ष बन जायेगा ?

"धर्म-सभा वालों ने अपना यही कर्तव्य बना लिया था कि जहाँ बैठना 'ब्रह्म समाज' की निंदा अवश्य करना। वे लोगों को ब्रह्म-समाज में जाने से रोकते थे और जो रोकने पर भी चले जाते थे, उन्हें 'जाति बाहर' होने का दंड दिया जाता था। इसका परिणाम यह हुआ कि घर-घर में कलह होने लगा तथा बाप-बेटे में और भाई-भाई में वैमनस्य उत्पन्न हो गया। जो ब्राह्मण किसी ब्रह्म समाजी के घर से दान ले आता था, उसे धर्म सभा में नहीं बुलाया जाता और यह भी प्रचार किया जाता कि इसे कोई दान न दे।"

फिर भी राममोहन राय ने इन विघ्नों की परवाह नहीं की। विरोध जितना अधिक बढ़ा उतने ही जोर से वे भी अपना प्रचार कार्य करने लगे। यद्यपि ब्रह्म-समाज का भवन बनकर उसमें संस्था का कार्य नियमित रूप से आरंभ होने के साल भर पीछे ही उनको इंग्लैंड जाना पड़ा और वहीं पर तीन वर्ष के भीतर उनका देहांत हो गया तो भी उन्होंने जो पौधा इतने त्याग और तपस्या से लगाया था, वह दिन पर दिन वृद्धि को ही प्राप्त होता गया। आगे चलकर यद्यपि उसमें भी वृक्ष की अनेक शाखाओं के समान 'आदि ब्रह्म समाज' और 'नूतन ब्रह्म समाज' आदि के नाम से विभाजन हो गया तो भी उन्होंने समाज सुधार का जो कार्यक्रम उठाया था, वह देश के एक बड़े भाग में फैल गया और उससे लाखों लोगों को समय के विपरीत प्राचीन रूढ़ियों को त्यागने और समय के अनुकूल नियमों को अपनाने का साहस मिला। राममोहन राय की प्रेरणा से आगे चलकर अन्य प्रांतों में ऐसी ही विभिन्न समाज-सुधारक संस्थाओं का जन्म हुआ। बंबई प्रांत में तो 'ब्रह्म समाज' का ही संपूर्णकार्यक्रम 'प्रार्थना-समाज' के नाम से अपना लिया गया।

राममोहन राय ने लोगों को यही शिक्षा दी थी कि रीति-रिवाज और सामाजिक प्रथाएँ समाज के संचालन और सुव्यवस्था के लिए बनाई जाती हैं। उनको समाज से ऊपर समझ लेना, अपरिवर्तनीय धर्म की तरह मान लेना भूल है। जब समय और परिस्थितियाँ बदल जायें तो पुराने रीति-रिवाजों की जगह समय के अनुकूल नये नियम बना लेने चाहिए। यह सिद्धांत बिल्कुल सरल और बुद्धिगम्य है, पर अंधविश्वासी व्यक्ति इसको भूल जाते हैं और जो कोई इस तथ्य को समझना चाहता है, उसे वे 'धर्म-विरोधी' 'नास्तिक' 'पापी' आदि कहने लगते हैं।

राजा राममोहन राय सचमुच एक महामानव थे। अगर वे चाहते तो खूब धन,

संपत्ति, सम्मान पाकर बड़ेलोगों की तरह सुख का जीवन बिता सकते थे। पर उन्होंने अपनी शक्तियों को निजी सुख प्राप्त करने के बजाय हिंदू-समाज को अज्ञानांधकार और पतन के मार्ग से हटाकर कल्याणकारी मार्ग दिखलाने में लगा दिया। फल यह हुआ कि वे स्वयं तो धन दौलत और सांसारिक वैभव से वंचित रह गये, पर उनके प्रयत्नों से लाखों व्यक्तियों के सामाजिक और मानसिक बंधन कट गये और वे नारकीय परिस्थितियों से बाहर निकलकर सुखी जीवन बिता सके। लाखों निर्दोष नारियों की प्राण-रक्षा भी उनके प्रयत्नों से हो सकी।

विलायत यात्रा और अंतिम समय

राममोहन राय सदैव कर्म में लगे रहने वाले पुरुष थे। उनकी आकांक्षा थी कि जो सुधार उन्होंने किए हैं, उनका परिचय इंग्लैंड जाकर वहाँ के निवासियों को भी दिया जाये। भारत-शासन की बागडोर इंग्लैंड के नेताओं और शासकों के ही हाथ में थी, इसलिए उनको अपना मंतव्य समझाकर इन नये सुधारों को सुदृढ़ बना देना भी उनके मन में था। पर वे इसलिए रुके हुए थे कि जो काम वे यहाँ शुरू कर चुके हैं, वह कहीं अधूरा ही न रह जाय। जब उन्हें भरोसा हो गया कि जो काम मैंने आरंभ किया है, वह मेरे पीछे भी चलता रहेगा, तब उन्होंने यात्रा का विचार पक्का कर लिया।

जब उनके विलायत जाने का समाचार सब जगह फैला, तो फिर एक हलचल मच गई। एक ऊँचे कुल में पैदा हुआ ब्राह्मण 'गोमांस भक्षियों' के देश में जा रहा है, इस बात से पुराने ढर्रे के लोगों को बड़ी चिंता होने लगी। जो लोग अभी तक धार्मिक विषयों में केवल उनका विरोध ही करते रहते थे और उनको 'पापी' कहते-कहते नहीं अघाते थे। वे भी ऐसा 'नीच काम' न करने की सलाह देने लगे। वे फिर जाति का डर दिखाने लगे और लड़कों, बच्चों को भी पैतृक संपत्ति का हिस्सा न मिलने की बात कहने लगे। पर जो राममोहन राय अब तक इन अंधविश्वासों के सैकड़ों अत्याचारों को वीरतापूर्वक सहन कर चुके थे, वे ऐसे झूठे भय से कब डरने वाले थे ?

पर असली प्रश्न धन का था। विलायत यात्रा के लिए काफी धन की आवश्यकता थी जिसका उनके पास अभाव था। संयोग से उसी समय दिल्ली के 'पेंशनयाफ्ता बादशाह' को अपने एक मुकदमे की पैरवी इंग्लैंड में करानी थी और उसने राममोहन राय की विद्या, बुद्धि और प्रभाव की बात सुनकर उनको इस काम के लिए चुना। उसने उनको अपने दरबार में नियुक्त करके तथा 'राजा' की पदवी देकर उपयुक्त सत्ता के साथ विलायत भेजने की व्यवस्था की।

इंग्लैंड पहुँचने पर अपने सार्वजनिक कार्यों और धर्म संबंधी उदार विचारों

के कारण वहाँ उनका अभूतपूर्व स्वागत और सम्मान हुआ। वहाँ उन्होंने लगभग तीन वर्ष तक रहकर अनेक भारत हितकारी कार्यों को संपन्न किया और इंग्लैंड की सरकार से इस देश में शिक्षा-प्रचार की उचित व्यवस्था करने का कानून बनवाया, जिससे इसकी शिघ्रतापूर्वक प्रगति हो सके। वहाँ भी उन्होंने इस कार्य में इतना परिश्रम किया कि अंत में उनकी जीवन शक्ति समाप्त हो गई। ११ सितंबर, 1833 को इंग्लैंड के अनेक विद्वानों के सम्मुख भारत की धर्मनीति, राजनीति और भविष्य के संबंध में तीन घंटे तक खड़े रहकर वार्तालाप किया। दूसरे ही दिन उनमें थकावट के चिह्न दिखाई पड़ने लगे और वे ज्वरग्रस्त होकर शैयागत जो गये। वहाँ के डॉक्टरों ने उनकी पूरी चिकित्सा की और कुमारी कारपेंटर तथा कुमारी हेअर आदि ने बड़ी लगन के साथ दिन रात उनकी सेवा-सुशूषा की। पर उनका ज्वर दूर न हो सका और निर्बलता बढ़ती गई, जिससे 27 सितंबर, 1833 को वे परलोक को प्रयाण कर गये।

3. भारतीय पत्रकारिता के जनक

राजा राममोहन राय को भारतीय पत्रकारिता के जनक की संज्ञा दी जाती है। उन्होंने भारतीय पत्रकारिता को एक नई दिशा और दशा प्रदान की।

उन्होंने स्वयं अखबारों का संपादन किया।

लगता है कि विश्व में पत्रकारिता का आरंभ सन 131 ईस्वी पूर्व रोम में हुआ था। उस साल पहला दैनिक समाचार-पत्र निकलने लगा। उस का नाम था – "Acta Diurna" (दिन की घटनाएं)। वास्तव में यह पत्थर की या धातु की पट्टी होता था जिस पर समाचार अंकित होते थे। ये पट्टियां रोम के मुख्य स्थानों पर रखी जाती थीं और इन में वरिष्ठ अधिकारियों की नियुक्ति, नागरिकों की सभाओं के निर्णयों और ग्लेडिएटरों की लड़ाइयों के परिणामों के बारे में सूचनाएं मिलती थीं।

मध्यकाल में यूरोप के व्यापारिक केंद्रों में 'सूचना-पत्र ' निकलने लगे। उन में कारोबार, क्रय-विक्रय और मुद्रा के मूल्य में उतार-चढ़ाव के समाचार लिखे जाते थे। लेकिन ये सारे 'सूचना-पत्र ' हाथ से ही लिखे जाते थे।

15वीं शताब्दी के मध्य में योहन गूटनबर्ग ने छापने की मशीन का आविष्कार किया। असल में उन्होंने धातु के अक्षरों का आविष्कार किया। इस के फलस्वरूप किताबों का ही नहीं, अख़बारों का भी प्रकाशन संभव हो गया।

16वीं शताब्दी के अंत में, यूरोप के शहर स्त्रास्बुर्ग में, योहन कारोलूस नाम का कारोबारी धनवान ग्राहकों के लिये सूचना-पत्र लिखवा कर प्रकाशित करता था। लेकिन हाथ से बहुत सी प्रतियों की नकल करने का काम महंगा भी था और धीमा भी। तब वह छापे की मशीन ख़रीद कर 1605 में समाचार-पत्र छापने लगा। समाचार-पत्र का नाम था 'रिलेशन'। यह विश्व का प्रथम मुद्रित समाचार-पत्र माना जाता है।

छापे की पहली मशीन भारत में 1674 में पहुंचायी गयी थी। मगर भारत का पहला अख़बार इस के 100 साल बाद, 1776 में प्रकाशित हुआ। इस का प्रकाशक ईस्ट इंडिया कंपनी का भूतपूर्व अधिकारी विलेम बॉल्ट्स था। यह अख़बार स्वभावत: अंग्रेज़ी भाषा में निकलता था तथा कंपनी व सरकार के समाचार फैलाता था।

सब से पहला अख़बार, जिस में विचार स्वतंत्र रूप से व्यक्त किये गये, वह

1780 में जेम्स ऑगस्टस हिक्की का अख़बार 'बंगाल गजट' था। अख़बार में दो पन्ने थे और इस में ईस्ट इंडिया कंपनी के वरिष्ठ अधिकारियों की व्यक्तिगत जीवन पर लेख छपते थे। जब हिक्की ने अपने अख़बार में गवर्नर की पत्नी का आक्षेप किया तो उसे 4 महीने के लिये जेल भेजा गया और 500 रुपये का जुरमाना लगा दिया गया। लेकिन हिक्की शासकों की आलोचना करने से पर्हेज़ नहीं किया। और जब उस ने गवर्नर और सर्वोच्च न्यायाधीश की आलोचना की तो उस पर 5000 रुपये का जुरमाना लगाया गया और एक साल के लिये जेल में डाला गया। इस तरह उस का अख़बार भी बंद हो गया।

- 1790 के बाद भारत में अंग्रेज़ी भाषा की और कुछ अख़बार स्थापित हुए जो अधिकतर शासन के मुखपत्र थे। पर भारत में प्रकाशित होनेवाले समाचार-पत्र थोड़े-थोड़े दिनों तक ही जीवित रह सके।

- 1819 में भारतीय भाषा में पहला समाचार-पत्र प्रकाशित हुआ था। वह बंगाली भाषा का पत्र – 'संवाद कौमुदी' (बुद्धि का चांद) था। उस के प्रकाशक राजा राममोहन राय थे।

- 1822 में गुजराती भाषा का साप्ताहिक 'मुंबईना समाचार' प्रकाशित होने लगा, जो दस वर्ष बाद दैनिक हो गया और गुजराती के प्रमुख दैनिक के रूप में आज तक विद्यमान है। भारतीय भाषा का यह सब से पुराना समाचार-पत्र है।

- 1826 में 'उदंत मार्तंड' नाम से हिंदी के प्रथम समाचार-पत्र का प्रकाशन प्रारंभ हुआ। यह साप्ताहिक पत्र 1827 तक चला और पैसे की कमी के कारण बंद हो गया।

- 1830 में राममोहन राय ने बड़ा हिंदी साप्ताहिक 'बंगदूत' का प्रकाशन शुरू किया। वैसे यह बहुभाषीय पत्र था, जो अंग्रेज़ी, बंगला, हिंदी और फारसी में निकलता था। यह कोलकाता से निकलता था जो अहिंदी क्षेत्र था। इस से पता चलता है कि राममोहन राय हिंदी को कितना महत्व देते थे।

- 1833 में भारत में 20 समाचार-पत्र थे, 1850 में 28 हो गए और 1953 में 35 हो गये। इस तरह अख़बारों की संख्या तो बढ़ी, पर नाममात्र को ही बढ़ी। बहुत से पत्र जल्द ही बंद हो गये। उन की जगह नये निकले। प्रायः समाचार-पत्र कई महीनों से ले कर दो-तीन साल तक जीवित रहे।

उस समय भारतीय समाचार-पत्रों की समस्याएं समान थीं। वे नया ज्ञान अपने पाठकों को देना चाहते थे और उसके साथ समाज-सुधार की भावना भी थी। सामाजिक सुधारों को लेकर नये और पुराने विचारवालों में अंतर भी होते थे। इस के कारण

नये-नये पत्र निकले। उन के सामने यह समस्या भी थी कि अपने पाठकों को किस भाषा में समाचार और विचार दें। समस्या थी – भाषा शुद्ध हो या सब के लिये सुलभ हो ? 1846 में राजा शिव प्रसाद ने हिंदी पत्र 'बनारस अख़बार' का प्रकाशन शुरू किया। राजा शिव प्रसाद शुद्ध हिंदी का प्रचार करते थे और अपने पत्र के पृष्ठों पर उन लोगों की कड़ी आलोचना की जो बोल-चाल की हिंदुस्तानी के पक्ष में थे। लेकिन उसी समय के हिंदी लेखक भारतेंदु हरिशचंद्र ने ऐसी रचनाएं रचीं जिन की भाषा समृद्ध भी थी और सरल भी। इस तरह उन्होंने आधुनिक हिंदी की नींव रखी है और हिंदी के भविष्य के बारे में हो रहे विवाद को समाप्त कर दिया। 1868 में भारतेंदु हरिशचंद्र ने साहित्यिक पत्रिका 'कविवचनसुधा' निकालना प्रारम्भ किया। 1854 में हिंदी का पहला दैनिक 'समाचार सुधा वर्षण' निकला।

हिन्दी पत्रकारिता की कहानी भारतीय राष्ट्रीयता की कहानी है। हिन्दी पत्रकारिता के आदि उन्नायक जातीय चेतना, युगबोध और अपने महत् दायित्व के प्रति पूर्ण सचेत थे। कदाचित् इसलिए विदेशी सरकार की दमन-नीति का उन्हें शिकार होना पड़ा था, उसके नृशंस व्यवहार की यातना झेलनी पड़ी थी। उन्नीसवीं शताब्दी में हिन्दी गद्य-निर्माण की चेष्टा और हिन्दी-प्रचार आन्दोलन अत्यन्त प्रतिकूल परिस्थितियों में भयंकर कठिनाइयों का सामना करते हुए भी कितना तेज और पुष्ट था इसका साक्ष्य 'भारतमित्र' (सन् 1878 ई, में) 'सार सुधानिधि' (सन् 1879 ई.) और 'उचित वक्ता' (सन् 1880 ई.) के जीर्ण पृष्ठों पर मुखर है।

भारत में प्रकाशित होने वाला पहला हिंदी भाषा का अखबार, उदंत मार्तंड (द राइजिंग सन), 30 मई 1826 को शुरू हुआ।[1] इस दिन को "हिंदी पत्रकारिता दिवस" के रूप में मनाया जाता है, क्योंकि इसने हिंदी भाषा में पत्रकारिता की शुरुआत को चिह्नित किया था।

वर्तमान में हिन्दी पत्रकारिता ने अंग्रेजी पत्रकारिता के दबदबे को खत्म कर दिया है। पहले देश-विदेश में अंग्रेजी पत्रकारिता का दबदबा था लेकिन आज हिन्दी भाषा का झण्डा चहुंदिश लहरा रहा है। 30 मई को 'हिन्दी पत्रकारिता दिवस' के रूप में मनाया जाता है।

भारतवर्ष में आधुनिक ढंग की पत्रकारिता का जन्म अठारहवीं शताब्दी के चतुर्थ चरण में कलकत्ता, बंबई और मद्रास में हुआ। 1780 ई. में प्रकाशित हिक्की (Hickey) का "कलकत्ता गज़ट" कदाचित् इस ओर पहला प्रयत्न था। हिंदी के पहले पत्र उदंत मार्तण्ड (1826) के प्रकाशित होने तक इन नगरों की ऐंग्लोइंडियन अंग्रेजी पत्रकारिता काफी विकसित हो गई थी।

इन अंतिम वर्षों में फारसी भाषा में भी पत्रकारिता का जन्म हो चुका था। 18वीं

शताब्दी के फारसी पत्र कदाचित् हस्तलिखित पत्र थे। 1801 में 'हिंदुस्तान इंटेलिजेंस ओरिऐंटल ऐंथॉलॉजी' (hindustan Intelligence Oriental Anthology) नाम का जो संकलन प्रकाशित हुआ उसमें उत्तर भारत के कितने ही "अखबारों" के उद्धरण थे। 1810 में मौलवी इकराम अली ने कलकत्ता से लीथो पत्र "हिंदोस्तानी" प्रकाशित करना आरंभ किया। 1816 में गंगाकिशोर भट्टाचार्य ने "बंगाल गजट" का प्रवर्तन किया। यह पहला बंगला पत्र था। बाद में श्रीरामपुर के पादरियों ने प्रसिद्ध प्रचारपत्र "समाचार दर्पण" को (27 मई 1818) जन्म दिया। इन प्रारंभिक पत्रों के बाद 1823 में हमें बँगला भाषा के 'समाचारचंद्रिका' और "संवाद कौमुदी", फारसी उर्दू के "जामे जहाँनुमा" और "शमसुल अखबार" तथा गुजराती के "मुंबई समाचार" के दर्शन होते हैं।

यह स्पष्ट है कि हिंदी पत्रकारिता बहुत बाद की चीज नहीं है। दिल्ली का "उर्दू अखबार" (1833) और मराठी का "दिग्दर्शन" (1837) हिंदी के पहले पत्र "उदंत मार्तंड" (1826) के बाद ही आए। "उदंत मार्तंड" के संपादक पंडित जुगलकिशोर थे। यह साप्ताहिक पत्र था। पत्र की भाषा पछाँही हिंदी रहती थी, जिसे पत्र के संपादकों ने "मध्यदेशीय भाषा" कहा है।

हिंदी पत्रकारिता का दूसरा युग 1873 से 1900 तक चलता है। इस युग के एक छोर पर भारतेन्दु का "हरिश्चंद्र मैगजीन" था ओर नागरीप्रचारिणी सभा द्वारा अनुमोदनप्राप्त "सरस्वती"। इन 27 वर्षों में प्रकाशित पत्रों की संख्या 300-350 से ऊपर है और ये नागपुर तक फैले हुए हैं। अधिकांश पत्र मासिक या साप्ताहिक थे। मासिक पत्रों में निबंध, नवल कथा (उपन्यास), वार्ता आदि के रूप में कुछ अधिक स्थायी संपत्ति रहती थी, परन्तु अधिकांश पत्र 10-15 पृष्ठों से अधिक नहीं जाते थे और उन्हें हम आज के शब्दों में "विचारपत्र" ही कह सकते हैं। साप्ताहिक पत्रों में समाचारों और उनपर टिप्पणियों का भी महत्त्वपूर्ण स्थान था। वास्तव में दैनिक समाचार के प्रति उस समय विशेष आग्रह नहीं था और कदाचित् इसीलिए उन दिनों साप्ताहिक और मासिक पत्र कहीं अधिक महत्त्वपूर्ण थे। उन्होंने जनजागरण में अत्यंत महत्त्वपूर्ण भाग लिया था।

उन्नीसवीं शताब्दी के इन 25 वर्षों का आदर्श भारतेन्दु की पत्रकारिता थी। "कविवचनसुधा" (1867), "हरिश्चंद्र मैगजीन" (1874), श्री हरिश्चंद्र चंद्रिका" (1874), बालबोधिनी (स्त्रीजन की पत्रिका, 1874) के रूप में भारतेन्दु ने इस दिशा में पथप्रदर्शन किया था। उनकी टीकाटिप्पणियों से अधिकरी तक घबराते थे और "कविवचनसुधा" के "पंच" पर रुष्ट होकर काशी के मजिस्ट्रेट ने भारतेन्दु के पत्रों को शिक्षा विभाग के लिए लेना भी बंद करा दिया था। इसमें संदेह नहीं कि पत्रकारिता

के क्षेत्र भी भारतेन्दु पूर्णतया निर्भीक थे और उन्होंने नए नए पत्रों के लिए प्रोत्साहन दिया। "हिंदी प्रदीप", "भारतजीवन" आदि अनेक पत्रों का नामकरण भी उन्होंने ही किया था। उनके युग के सभी पत्रकार उन्हें अग्रणी मानते थे।

भारतेन्दु के बाद इस क्षेत्र में जो पत्रकार आए उनमें प्रमुख थे पंडित रुद्रदत्त शर्मा, (भारतमित्र, 1877), बालकृष्ण भट्ट (हिंदी प्रदीप, 1877), दुर्गाप्रसाद मिश्र (उचित वक्ता, 1878), पंडित सदानंद मिश्र (सारसुधानिधि, 1878), पंडित वंशीधर (सज्जन-कीर्त्ति-सुधाकर, 1878), बदरीनारायण चौधरी "प्रेमधन" (आनंदकादंबिनि, 1881), देवकीनंदन त्रिपाठी (प्रयाग समाचार, 1882), राधाचरण गोस्वामी (भारतेन्दु, 1882), पंडित गौरीदत्त (देवनागरी प्रचारक, 1882), राज रामपाल सिंह (हिंदुस्तान, 1883), प्रतापनारायण मिश्र (ब्राह्मण, 1883), अंबिकादत्त व्यास, (पीयूषप्रवाह, 1884), बाबू रामकृष्ण वर्मा (भारतजीवन, 1884), पं. रामगुलाम अवस्थी (शुभचिंतक, 1888), योगेशचंद्र वसु (हिंदी बंगवासी, 1890), पं. कुंदनलाल (कवि व चित्रकार, 1891) और बाबू देवकीनंदन खत्री एवं बाबू जगन्नाथदास (साहित्य सुधानिधि, 1894)। 1895 ई. में "नागरीप्रचारिणी पत्रिका" का प्रकाशन आरंभ होता है। इस पत्रिका से गंभीर साहित्यसमीक्षा का आरंभ हुआ और इसलिए हम इसे एक निश्चित प्रकाशस्तंभ मान सकते हैं। 1900 ई. में "सरस्वती" और "सुदर्शन" के अवतरण के साथ हिंदी पत्रकारिता के इस दूसरे युग पर पटाक्षेप हो जाता है।

इन 25 वर्षों में हिन्दी पत्रकारिता अनेक दिशाओं में विकसित हुई। प्रारंभिक पत्र शिक्षाप्रसार और धर्मप्रचार तक सीमित थे। भारतेन्दु ने सामाजिक, राजनीतिक और साहित्यिक दिशाएँ भी विकसित कीं। उन्होंने ही "बालाबोधिनी" (1874) नाम से पहला स्त्री-मासिक-पत्र चलाया। कुछ वर्ष बाद महिलाओं को स्वयं इस क्षेत्र में उतरते देखते हैं- "भारतभगिनी" (हरदेवी, 1888), "सुगृहिणी" (हेमंतकुमारी, 1889)। इन वर्षों में धर्म के क्षेत्र में आर्यसमाज और सनातन धर्म के प्रचारक विशेष सक्रिय थे। ब्रह्मसमाज और राधास्वामी मत से संबंधित कुछ पत्र और मिर्जापुर जैसे ईसाई केंद्रों से कुछ ईसाई धर्म संबंधी पत्र भी सामने आते हैं, परंतु युग की धार्मिक प्रतिक्रियाओं को हम आर्यसमाज के और पौराणिकों के पत्रों में ही पाते हैं। आज ये पत्र कदाचित् उतने महत्वपूर्ण नहीं जान पड़ते, परंतु इसमें संदेह नहीं कि उन्होंने हिन्दी की गद्यशैली को पुष्ट किया और जनता में नए विचारों की ज्योति भी। इन धार्मिक वादविवादों के फलस्वरूप समाज के विभिन्न वर्ग और संप्रदाय सुधार की ओर अग्रसर हुए और बहुत शीघ्र ही सांप्रदायिक पत्रों की बाढ़ आ गई। सैकड़ों की संख्या में विभिन्न जातीय और वर्गीय पत्र प्रकाशित हुए और उन्होंने असंख्य जनों को वाणी दी।

आज वही पत्र हमारी इतिहासचेतना में विशेष महत्वपूर्ण हैं जिन्होंने भाषा शैली, साहित्य अथवा राजनीति के क्षेत्र में कोई अप्रतिम कार्य किया हो। साहित्यिक दृष्टि से "हिंदी प्रदीप" (1877), ब्राह्मण (1883), क्षत्रियपत्रिका (1880), आनंदकादंबिनी (1881), भारतेन्दु (1882), देवनागरी प्रचारक (1882), वैष्णव पत्रिका (पश्चात् पीयूषप्रवाह, 1883), कवि के चित्रकार (1891), नागरी नीरद (1883), साहित्य सुधानिधि (1894) और राजनीतिक दृष्टि से भारतमित्र (1877), उचित वक्ता (1878), सार सुधानिधि (1878), भारतोदय (दैनिक, 1883), भारत जीवन (1884), भारतोदय (दैनिक, 1885), शुभचिंतक (1887) और हिंदी बंगवासी (1890) विशेष महत्वपूर्ण हैं। इन पत्रों में हमारे 19वीं शताब्दी के साहित्यरसिकों, हिंदी के कर्मठ उपासकों, शैलीकारों और चिंतकों की सर्वश्रेष्ठ निधि सुरक्षित है। यह क्षोभ का विषय है कि हम इस महत्वपूर्ण सामग्री का पत्रों की फाइलों से उद्धार नहीं कर सके। बालकृष्ण भट्ट, प्रतापनारायण मिश्र, सदानं मिश्र, रुद्रदत्त शर्मा, अंबिकादत्त व्यास और बालमुकुंद गुप्त जैसे सजीव लेखकों की कलम से निकले हुए न जाने कितने निबंध, टिप्पणी, लेख, पंच, हास परिहास औप स्केच आज में हमें अलभ्य हो रहे हैं। आज भी हमारे पत्रकार उनसे बहुत कुछ सीख सकते हैं। अपने समय में तो वे अग्रणी थे ही।

बीसवीं शताब्दी की पत्रकारिता हमारे लिए अपेक्षाकृत निकट है और उसमें बहुत कुछ पिछले युग की पत्रकारिता की ही विविधता और बहुरूपता मिलती है। 19वीं शती के पत्रकारों को भाषा-शैलीक्षेत्र में अव्यवस्था का सामना करना पड़ा था। उन्हें एक ओर अंग्रेजी और दूसरी ओर उर्दू के पत्रों के सामने अपनी वस्तु रखनी थी। अभी हिंदी में रुचि रखनेवाली जनता बहुत छोटी थी। धीरे-धीरे परिस्थिति बदली और हम हिंदी पत्रों को साहित्य और राजनीति के क्षेत्र में नेतृत्व करते पाते हैं। इस शताब्दी से धर्म और समाजसुधार के आंदोलन कुछ पीछे पड़ गए और जातीय चेतना ने धीरे-धीरे राष्ट्रीय चेतना का रूप ग्रहण कर लिया। फलत: अधिकांश पत्र, साहित्य और राजनीति को ही लेकर चले। साहित्यिक पत्रों के क्षेत्र में पहले दो दशकों में आचार्य द्विवेदी द्वारा संपादित "सरस्वती" (1903-1918) का नेतृत्व रहा। वस्तुत: इन बीस वर्षों में हिंदी के मासिक पत्र एक महान साहित्यिक शक्ति के रूप में सामने आए। शृंखलित उपन्यास कहानी के रूप में कई पत्र प्रकाशित हुए - जैसे उपन्यास 1901, हिंदी नाविल 1901, उपन्यास लहरी 1902, उपन्याससागर 1903, उपन्यास कुसुमांजलि 1904, उपन्यासबहार 1907, उपन्यास प्रचार 1912। केवल कविता अथवा समस्यापूर्ति लेकर अनेक पत्र उन्नीसवीं शतब्दी के अंतिम वर्षों में निकलने लगे थे। वे चले रहे। समालोचना के क्षेत्र में "समालोचक" (1902) और ऐतिहासिक

शोध से संबंधित "इतिहास" (1905) का प्रकाशन भी महत्वपूर्ण घटनाएँ हैं। परंतु सरस्वती ने "मिस्लेनी" के रूप में जो आदर्श रखा था, वह अधिक लोकप्रिय रहा और इस श्रेणी के पत्रों में उसके साथ कुछ थोड़े ही पत्रों का नाम लिया जा सकता है, जैसे "भारतेन्दु" (1905), नागरी हितैषिणी पत्रिका, बाँकीपुर (1905), नागरीप्रचारक (1906), मिथिलामिहिर (1910) और इंदु (1909)। "सरस्वती" और "इंदु" दोनों हिन्दी की साहित्यचेतना के इतिहास के लिए महत्वपूर्ण हैं और एक तरह से हम उन्हें उस युग की साहित्यिक पत्रकारिता का शीर्षमणि कह सकते हैं। "सरस्वती" के माध्यम से आचार्य महावीरप्रसाद द्विवेदी और "इंदु" के माध्यम से पंडित रूपनारायण पांडेय ने जिस संपादकीय सतर्कता, अध्यवसाय और ईमानदारी का आदर्श हमारे सामने रखा वह हिन्दी पत्रकारिता को एक नई दिशा देने में समर्थ हुआ।

परंतु राजनीतिक क्षेत्र में हिन्दी पत्रकारिता को नेतृत्व प्राप्त नहीं हो सका। पिछले युग की राजनीतिक पत्रकारिता का केंद्र कलकत्ता था। परंतु कलकत्ता हिंदी प्रदेश से दूर पड़ता था और स्वयं हिंदी प्रदेश को राजनीतिक दिशा में जागरूक नेतृत्व कुछ देर में मिला। हिंदी प्रदेश का पहला दैनिक राजा रामपालसिंह का द्विभाषीय "हिंदुस्तान" (1883) है जो अंग्रेजी और हिंदी में कालाकाँकर से प्रकाशित होता था। दो वर्ष बाद (1885 में), बाबू सीताराम ने "भारतोदय" नाम से एक दैनिक पत्र कानपुर से निकालना शुरू किया। परंतु ये दोनों पत्र दीर्घजीवी नहीं हो सके और साप्ताहिक पत्रों को ही राजनीतिक विचारधारा का वाहन बनना पड़ा। वास्तव में उन्नीसवीं शताब्दी में कलकत्ता के भारत मित्र, वंगवासी, सारसुधानिधि और उचित वक्ता ही हिंदी प्रदेश की राजनीतिक भावना का प्रतिनिधित्व करते थे। इनमें कदाचित् "भारतमित्र" ही सबसे अधिक स्थायी और शक्तिशाली था। उन्नीसवीं शताब्दी में बंगाल और महाराष्ट्र लोक जाग्रति के केंद्र थे और उग्र राष्ट्रीय पत्रकारिता में भी ये ही प्रांत अग्रणी थे। हिंदी प्रदेश के पत्रकारों ने इन प्रांतों के नेतृत्व को स्वीकार कर लिया और बहुत दिनों तक उनका स्वतंत्र राजनीतिक व्यक्तित्व विकसित नहीं हो सका। फिर भी हम "अभ्युदय" (1905), "प्रताप" (1913), "कर्मयोगी", "हिंदी केसरी" (1904-1908) आदि के रूप में हिंदी राजनीतिक पत्रकारिता को कई डग आगे बढ़ाते पाते हैं। प्रथम महायुद्ध की उत्तेजना ने एक बार फिर कई दैनिक पत्रों को जन्म दिया। कलकत्ता से "कलकत्ता समाचार", "स्वतंत्र" और "विश्वमित्र" प्रकाशित हुए, बंबई से "वेंकटेश्वर समाचार" ने अपना दैनिक संस्करण प्रकाशित करना आरंभ किया और दिल्ली से "विजय" निकला। 1921 में काशी से "आज" और कानपुर से "वर्तमान" प्रकाशित हुए। इस प्रकार हम देखते हैं कि 1921 में हिंदी पत्रकारिता फिर एक बार करवटें लेती है और राजनीतिक क्षेत्र में अपना नया जीवन आरंभ करती है। हमारे साहित्यिक पत्रों के क्षेत्र

में भी नई प्रवृत्तियों का आरंभ इसी समय से होता है। फलत: बीसवीं शती के पहले बीस वर्षों को हम हिंदी पत्रकारिता का तीसरा चरण कह सकते हैं।

1921 के बाद हिंदी पत्रकारिता का समसामयिक युग आरंभ होता है। इस युग में हम राष्ट्रीय और साहित्यिक चेतना को साथ साथ पल्लवित पाते हैं। इसी समय के लगभग हिंदी का प्रवेश विश्वविद्यालयों में हुआ और कुछ ऐसे कृती संपादक सामने आए जो अंग्रेजी की पत्रकारिता से पूर्णत: परिचित थे और जो हिंदी पत्रों को अंग्रेजी, मराठी और बँगला के पत्रों के समकक्ष लाना चाहते थे। फलत: साहित्यिक पत्रकारिता में एक नए युग का आरंभ हुआ। राष्ट्रीय आंदोलनों ने हिंदी की राष्ट्रभाषा के लिए योग्यता पहली बार घोषित की ओर जैसे-जैसे राष्ट्रीय आंदोलनों का बल बढ़ने लगा, हिंदी के पत्रकार और पत्र अधिक महत्त्व पाने लगे। 1921 के बाद गांधी जी के नेतृत्व में राष्ट्रीय आंदोलन मध्यवर्ग तक सीमित न रहकर ग्रामीणों और श्रमिकों तक पहुंच गया और उसके इस प्रसार में हिंदी पत्रकारिता ने महत्वपूर्ण योग दिया। सच तो यह है कि हिंदी पत्रकार राष्ट्रीय आंदोलनों की अग्र पंक्ति में थे और उन्होंने विदेशी सत्ता से डटकर मोर्चा लिया। विदेशी सरकार ने अनेक बार नए नए कानून बनाकर समाचारपत्रों की स्वतंत्रता पर कुठाराघात किया परंतु जेल, जुर्माना और अनेकानेक मानसिक और आर्थिक कठिनाइयाँ झेलते हुए भी हिन्दी पत्रकारों ने स्वतंत्र विचार की दीपशिखा जलाए रखी।

1921 के बाद साहित्यक्षेत्र में जो पत्र आए उनमें प्रमुख हैं-

स्वार्थ (1922), माधुरी (1923), मर्यादा, चाँद (1923), मनोरमा (1924), समालोचक (1924), चित्रपट (1925), कल्याण (1926), सुधा (1927), विशालभारत (1928), त्यागभूमि (1928), हंस (1930), गंगा (1930), विश्वमित्र (1933), रूपाभ (1938), साहित्य संदेश (1938), कमला (1939), मधुकर (1940), जीवनसाहित्य (1940), विश्वभारती (1942), संगम (1942), कुमार (1944), नया साहित्य (1945), पारिजात (1945), हिमालय (1946) आदि।

वास्तव में आज हमारे मासिक साहित्य की प्रौढ़ता और विविधता में किसी प्रकार का संदेह नहीं हो सकता। हिंदी की अनेकानेक प्रथम श्रेणी की रचनाएँ मासिकों द्वारा ही पहले प्रकाश में आई और अनेक श्रेष्ठ कवि और साहित्यकार पत्रकारिता से भी संबंधित रहे। आज हमारे मासिक पत्र जीवन और साहित्य के सभी अंगों की पूर्ति करते हैं और अब विशेषज्ञता की ओर भी ध्यान जाने लगा है। साहित्य की प्रवृत्तियों की जैसी विकासमान झलक पत्रों में मिलती है, वैसी पुस्तकों में नहीं मिलती। वहाँ हमें साहित्य का सक्रिय, सप्राण, गतिशील रूप प्राप्त होता है।

राजनीतिक क्षेत्र में इस युग में जिन पत्रपत्रिकाओं की धूम रही वे हैं -

कर्मवीर (1924), सैनिक (1924), स्वदेश (1921), श्रीकृष्णसंदेश (1925), हिंदूपंच (1926), स्वतंत्र भारत (1928), जागरण (1929), हिंदी मिलाप (1929), सचित्र दरबार (1930), स्वराज्य (1931), नवयुग (1932), हरिजन सेवक (1932), विश्वबंधु (1933), नवशक्ति (1934), योगी (1934), हिंदू (1936), देशदूत (1938), राष्ट्रीयता (1938), संघर्ष (1938), चिनगारी (1938), नवज्योति (1938), संगम (1940), जनयुग (1942), रामराज्य (1942), संसार (1943), लोकवाणी (1942), सावधान (1942), हुंकार (1942) और सन्मार्ग (1943), जनवार्ता (१९७२)।

इनमें से अधिकांश साप्ताहिक हैं, परंतु जनमन के निर्माण में उनका योगदान महत्वपूर्ण रहा है। जहाँ तक पत्र कला का संबंध है वहाँ तक हम स्पष्ट रूप से कह सकते हैं कि तीसरे और चौथे युग के पत्रों में धरती और आकाश का अंतर है। आज पत्रसंपादन वास्तव में उच्च कोटि की कला है। राजनीतिक पत्रकारिता के क्षेत्र में "आज" (1921) और उसके संपादक स्वर्गीय बाबूराव विष्णु पराड़कर का लगभग वही स्थान है जो साहित्यिक पत्रकारिता के क्षेत्र में आचार्य महावीरप्रसाद द्विवेदी को प्राप्त है। सच तो यह है कि "आज" ने पत्रकला के क्षेत्र में एक महान संस्था का काम किया है और उसने हिंदी को बीसियों पत्रसंपादक और पत्रकार दिए हैं।

आधुनिक साहित्य के अनेक अंगों की भाँति हिन्दी पत्रकारिता भी नई कोटि की है और उसमें भी मुख्यत: हमारे मध्यवित्त वर्ग की सामाजिक, सांस्कृतिक, साहित्यिक औ राजनीतिक हलचलों का प्रतिबिंब भास्वर है। वास्तव में पिछले २०० वर्षों का सच्चा इतिहास हमारी पत्रपत्रिकाओं से ही संकलित हो सकता है। बँगला के "कलेर कथा" ग्रंथ में पत्रों के अवतरणों के आधार पर बंगाल के उन्नीसवीं शताब्दी के मध्यवित्तीय जीवन के आकलन का प्रयत्न हुआ है। हिंदी में भी ऐसा प्रयत्न वांछनीय है। एक तरह से उन्नीसवीं शती में साहित्य कही जा सकनेवाली चीज बहुत कम है और जो है भी, वह पत्रों के पृष्ठों में ही पहले-पहल सामने आई है। भाषाशैली के निर्माण और जातीय शैली के विकास में पत्रों का योगदान अत्यंत महत्वपूर्ण रहा है, परंतु बीसवीं शती के पहले दो दशकों के अंत तक मासिक पत्र और साप्ताहिक पत्र ही हमारी साहित्यिक प्रवृत्तियों को जन्म देते और विकसित करते रहे हैं। द्विवेदी युग के साहित्य को हम "सरस्वती" और "इंदु" में जिस प्रयोगात्मक रूप में देखते हैं, वही उस साहित्य का असली रूप है। 1921 ई. के बाद साहित्य बहुत कुछ पत्रपत्रिकाओं से स्वतंत्र होकर अपने पैरों पर खड़ा होने लगा, परंतु फिर भी विशिष्ट साहित्यिक आंदोलनों के लिए हमें मासिक पत्रों के पृष्ठ ही उलटने पड़ते हैं। राजनीतिक चेतना

के लिए तो पत्रपत्रिकाएँ हैं ही। वस्तुत: पत्रपत्रिकाएँ जितनी बड़ी जनसंख्या को छूती हैं, विशुद्ध साहित्य का उतनी बड़ी जनसंख्या तक पहुँचना असंभव है।

90 के दशक में भारतीय भाषाओं के अखबारों, हिंदी पत्रकारिता के क्षेत्र में अमर उजाला, दैनिक भास्कर, दैनिक जागरण आदि के नगरों-कस्बों से कई संस्करण निकलने शुरू हुए। जहां पहले महानगरों से अखबार छपते थे, भूमंडलीकरण के बाद आयी नई तकनीक, बेहतर सड़क और यातायात के संसाधनों की सुलभता की वजह से छोटे शहरों, कस्बों से भी नगर संस्करण का छपना आसान हो गया। साथ ही इन दशकों में ग्रामीण इलाकों, कस्बों में फैलते बाजार में नई वस्तुओं के लिए नये उपभोक्ताओं की तलाश भी शुरू हुई। हिंदी के अखबार इन वस्तुओं के प्रचार-प्रसार का एक जरिया बन कर उभरा है। साथ ही साथ अखबारों के इन संस्करणों में स्थानीय खबरों को प्रमुखता से छापा जाता है। इससे अखबारों के पाठकों की संख्या में काफी बढ़ोतरी हुई है। मीडिया विशेषज्ञ सेवंती निनान ने इसे 'हिंदी की सार्वजनिक दुनिया का पुनर्विष्कार' कहा है। वे लिखती हैं, "प्रिंट मीडिया ने स्थानीय घटनाओं के कवरेज द्वारा जिला स्तर पर हिंदी की मौजूद सार्वजनिक दुनिया का विस्तार किया है और साथ ही अखबारों के स्थानीय संस्करणों के द्वारा अनजाने में इसका पुनर्विष्कार किया है।

1990 में राष्ट्रीय पाठक सर्वेक्षण की रिपोर्ट बताती थी कि पांच अगुवा अखबारों में हिन्दी का केवल एक समाचार पत्र हुआ करता था। पिछले (सर्वे) ने साबित कर दिया कि हम कितनी तेजी से बढ़ रहे हैं। इस बार (२०१०) सबसे अधिक पढ़े जाने वाले पांच अखबारों में शुरू के चार हिंदी के हैं।

एक उत्साहजनक बात और भी है कि आईआरएस सर्वे में जिन 42 शहरों को सबसे तेजी से उभरता माना गया है, उनमें से ज्यादातर हिन्दी हृदय प्रदेश के हैं। मतलब साफ है कि अगर पिछले तीन दशक में दक्षिण के राज्यों ने विकास की जबरदस्त पींगें बढ़ाई तो आने वाले दशक हम हिन्दी वालों के हैं। ऐसा नहीं है कि अखबार के अध्ययन के मामले में ही यह प्रदेश अगुवा साबित हो रहे हैं। आईटी इंडस्ट्री का एक आंकड़ा बताता है कि हिन्दी और भारतीय भाषाओं में नेट पर पढ़ने-लिखने वालों की तादाद लगातार बढ़ रही है।

मतलब साफ है। हिन्दी की आकांक्षाओं का यह विस्तार पत्रकारों की ओर भी देख रहा है। प्रगति की चेतना के साथ समाज की निचली कतार में बैठे लोग भी समाचार पत्रों की पंक्तियों में दिखने चाहिए। पिछले आईएएस, आईआईटी और तमाम शिक्षा परिषदों के परिणामों ने साबित कर दिया है कि हिन्दी भाषियों में सबसे निचली सीढ़ियों पर बैठे लोग भी जबरदस्त उछाल के लिए तैयार हैं। हिन्दी के पत्रकारों को

उनसे एक कदम आगे चलना होगा ताकि उस जगह को फिर से हासिल कर सकें, जिसे पिछले चार दशकों में हमने लगातार खोया।

हिन्दी पत्रकारिता क्षेत्र में स्वयं में हिन्दी पत्रकारिता के संस्थान व स्तम्भ हो चुके सभी मार्गदर्शक, अग्रज, मित्र, एवं नवांकुरित पत्रकार बन्धु / भगिनी सभी को हिन्दी पत्रकारिता दिवस की हार्दिक शुभकामनाए।

लगभग दो शताब्दी पूर्व ब्रिटिश कालीन भारत में जब तत्कालीन हिन्दुस्तान में दूर दूर तक मात्र अंग्रेजी, फ़ारसी, उर्दू एवं बांग्ला भाषा में अखबार छपते थे, तब देश की राजधानी "कलकत्ता" में "कानपुर" के रहने वाले वकील पण्डित जुगल किशोर शुक्ल जी ने अंग्रेजों की नाक के नीचे हिन्दी पत्रकारिता के इतिहास की आधारशिला रखी, जिसपर आज आप सभी ने भव्य भवन खड़े किए है। उस आधारशिला का नाम था "उदन्त मार्तण्ड", जिसने अंग्रेजों की नाक में इस कदर खुजली कर दी की उसका प्रकाशन डेढ़ वर्ष से अधिक न हो सका। इस साप्ताहिक के प्रकाशक एवं सम्पादक आदरणीय शुक्ल जी ने 30 मई 1826 को "उदन्त मार्तण्ड" का पहला अंक प्रकाशित किया था। जिसके परिप्रेक्ष्य में 30 मई का दिन हिन्दी पत्रकारिता का उद्भव कहलाया, और हम हिन्दी पत्रकारिता दिवस बनाते है। प्रत्येक मंगलवार को प्रकाशित होने वाले इस साप्ताहिक अखबार में "उदन्त मार्तण्ड" में हिन्दी भाषा के "बृज" और "अवधी" भाषा का मिश्रण होता था। पत्र वितरण में अंग्रेजों द्वारा लगातार डाक शुल्क में छूट न दिये जाने के कारण इसका 79वाँ और आखिरी अंक दिसम्बर 1827 में प्रकाशित हुआ। इस समाचार पत्र के पहले अंक की 500 प्रतियाँ प्रकाशित हुयी थी।

हिन्दी पत्रकारिता दिवस 30 मई को मनाया जाता है। इसी तिथि को पण्डित जुगुल किशोर शुक्ल ने 1826 में प्रथम हिन्दी समाचार पत्र उदन्त मार्तण्ड का प्रकाशन आरम्भ किया था।

उदन्त मार्तण्ड

उदन्त मार्तण्ड (शाब्दिक अर्थ : 'समाचार सूर्य' या '(बिना दाँत का) बाल सूर्य') हिंदी का प्रथम समाचार पत्र था। इसका प्रकाशन 30 मई, 1826 ई. में कलकत्ता से एक साप्ताहिक पत्र के रूप में शुरू हुआ था। कलकता के कोलू टोला नामक मोहल्ले की 37 नंबर आमड़तल्ला गली से जुगलकिशोर सुकुल ने सन् 1826= ई. में उदंतमार्तंड नामक एक हिंदी साप्ताहिक पत्र निकालने का आयोजन किया। उस समय अंग्रेजी, फारसी और बांग्ला में तो अनेक पत्र निकल रहे थे किन्तु हिंदी में एक भी पत्र नहीं निकलता था। इसलिए "उदंत मार्तंड" का प्रकाशन शुरू किया गया। इसके

संपादक भी श्री जुगुलकिशोर सुकुल ही थे। वे मूल रूप से कानपुर के निवासी थे।

इस पत्र की प्रारंभिक विज्ञप्ति इस प्रकार थी – यह "उदन्त मार्तण्ड" अब पहले-पहल हिंदुस्तानियों के हित के हेतु जो आज तक किसी ने नहीं चलाया पर अंग्रेजी ओ पारसी ओ बंगाल में जो समाचार का कागज छपता है उनका सुख उन बोलियों के जान्ने और पढ़ने वालों को ही होता है। और सब लोग पराए सुख सुखी होते हैं। जैसे पराए धन धनी होना और अपनी रहते परायी आंख देखना वैसे ही जिस गुण में जिसकी पैठ न हो उसको उसके रस का मिलना कठिन ही है और हिंदुस्तानियों में बहुतेरे ऐसे हैं। इससे सत्य समाचार हिंदुस्तानी लोग देख आप पढ़ ओ समझ लेयँ ओ पराई अपेक्षा न करें ओ अपने भाषे की उपज न छोड़े। इसलिए दयावान करुणा और गुणनि के निधान सब के कल्यान के विषय गवरनर जेनेरेल बहादुर की आयस से ऐसे साहस में चित्त लगाय के एक प्रकार से यह नया ठाट ठाटा…।

यह पत्र पुस्तकाकार छपता था और हर मंगलवार को निकलता था। इसमें विभिन्न नगरों के सरकारी क्षेत्रों की विभिन्न गतिविधियाँ प्रकाशित होती थीं और उस समय की वैज्ञानिक खोजों तथा आधुनिक जानकारियों को भी महत्त्व दिया जाता था। इस पत्र में ब्रज और खड़ीबोली दोनों के मिश्रित रूप का प्रयोग किया जाता था जिसे इस पत्र के संचालक "मध्यदेशीय भाषा" कहते थे। इसके उद्देश्य के सम्बन्ध में बांग्ला साप्ताहिक 'समाचार चंद्रिका' ने लिखा था कि अज्ञान तथा रूढ़ियों के अँधेरों में जकड़े हुए हिन्दुस्तानी लोगों की प्रतिभाओं पर प्रकाश डालने और 'उदंत मार्तण्ड' द्वारा ज्ञान के प्रकाशनार्थ' इस पत्र का श्री गणेश हुआ था। और, 'हिन्दुस्तान और नेपाल आदि देशों के लोगों, महाजनों तथा इंग्लैंड के साहबों के बीच वितरित हुआ और हो रहा है।

उन दिनों सरकारी सहायता के बिना, किसी भी पत्र का चलना प्राय: असंभव था। कंपनी सरकार ने ईसाई मिशनरियों के पत्र को तो डाक आदि की सुविधा दे रखी थी, परन्तु चेष्टा करने पर भी "उदन्त मार्तंड" को यह सुविधा प्राप्त नहीं हो सकी। इसके कुल 79 अंक ही प्रकाशित हो पाए थे कि डेढ़ साल बाद दिसंबर, 1827 ई को इसका प्रकाशन बंद करना पड़ा। इसके अंतिम अंक में लिखा है- उदन्त मार्तण्ड की यात्रा-मिति पौष बदी 1 भौम संवत् 1827 तारीख दिसम्बर सन् 1827।

आज दिवस लौं उग चुक्यौ मार्तण्ड उदन्त

अस्ताचल को जात है दिनकर दिन अब अन्त।

उन्होंने अपने सम्पादकीय के अन्त में ग्राहकों एवं पाठकों से निवेदन किया था कि "हमारे कुछ कहे-सुने का मन में न लाइयो जो दैव और भूधर मेरी अन्तरव्यथा और गुण को विचार सुधि करेंगे तो मेरे ही हैं। शुभमिति।"

शुक्ल ने इस पत्र के बाद भी 'समदन्त मार्तण्ड' नामक एक और पत्र निकालने की हिम्मत जुटायी, लेकिन दुर्भाग्य से वह भी अल्पायु निकला।

उदन्त मार्तण्ड के प्रथम प्रकाशन की तिथि 30 मई को हिन्दी पत्रकारिता दिवस के रूप में मनाया जाता है। भारतीय जनसंचार संस्थान ने अपने पुस्तकालय का नाम जुगल किशोर शुक्ल के नाम पर रखा है।

सम्वाद कौमुदी

सम्वाद कौमुदी 19वीं शताब्दी के पूर्वार्ध में राजा राममोहन राय द्वारा कोलकाता से प्रकाशित एक बंगाली साप्ताहिक समाचार पत्र था। यह एक सुधारवादी पत्र था जिसमें सती प्रथा की समाप्ति के लिये अभियान चलाया गया। इसको 1821में प्रकाशित किया गया यह किसी भारतीय भाषा का पहला समाचार पत्र था। पहला हिंदी भाषी समाचार पत्र उदंड मार्तंड 1826 में प्रकाशित किया गया था। पहला भारतीय अखबार अंग्रेजी भाषा में हिक्की ने प्रकाशित किया था।

मिरात-उल- अखबार

मिरात-उल- अखबर राजा राममोहन राय द्वारा स्थापित और संपादित एक फारसी भाषा की पत्रिका थी। अखबार पहली बार 12 अप्रैल 1822 को प्रकाशित हुआ था। यह साप्ताहिक आधार पर शुक्रवार को प्रकाशित होता था।

ब्राह्मणवादी पत्रिका

ब्राह्मणवादी पत्रिका भारतीय सुधारक राजा राममोहन राय द्वारा स्थापित एक अंग्रेजी भाषा की पत्रिका थी। इसे पहली बार 1821 में प्रकाशित किया गया था। इसने मिशनरियों के प्रचार के प्रभावों से बचने का प्रयास किया। अपने अस्तित्व के दौरान पत्रिका ने कुल बारह अंक तैयार किए।

बंगाल गजट

हिक्की का बंगाल गजट या मूल कलकत्ता जनरल विज्ञापनदाता ब्रिटिश भारत की राजधानी कोलकाता (तब कलकत्ता)में प्रकाशित एक अंग्रेजी भाषा का साप्ताहिक समाचार पत्र था (तब फोर्ट विलियम के प्रेसीडेंसी के रूप में जाना जाता था .. यह एशिया में छपा पहला समाचार पत्र था, और ईस्ट इंडिया कंपनी द्वारा अखबार के प्रकार और प्रिंटिंग प्रेस को जब्त करनेसे पहले, 1780 और 1782 के बीच दो साल के लिए प्रकाशित किया गया था। जेम्स ऑगस्टस हिक्की द्वारा स्थापित, एक अत्यधिक सनकी आयरिश व्यक्ति, जो पहले कर्ज के लिए दो साल जेल में बिता

चुका था, अखबार गवर्नर जनरल वारेन हेस्टिंग्स के प्रशासन के प्रबल आलोचक थे। अख़बार अपनी उत्तेजक पत्रकारिता और भारत में अभिव्यक्ति की आज़ादी की लड़ाई के लिए महत्वपूर्ण था।

हिक्की ने 29 जनवरी 1780 को हिक्की के बंगाल गजट का प्रकाशन शुरू किया, पहली बार एक विवरणिका छपवाकर यह घोषणा की कि वह एक समाचार पत्र छापना शुरू करेगा। भारत में एक समाचार पत्र को छापने का विचार बारह साल पहले डच एडवेंचरर विलियम बोल्ट्स द्वारा शुरू किया गया था, लेकिन हिक्की इस अवधारणा को अंजाम देने वाले पहले व्यक्ति थे। हिक्की का समाचार पत्र सप्ताह में एक बार शनिवार को छपता था, और 1 रु. में बेचा जाता था। इसके प्रसार का अनुमान प्रति सप्ताह लगभग चार सौ प्रतियों का था, हालांकि संभवत: अधिक।

हिक्की ने शुरू में राजनीतिक विवाद से परहेज किया। जैसा कि उन्होंने अपने पेपर के प्रभाव को देखा, वे अधिक राजनीतिक हो गए और उनकी तटस्थ संपादकीय नीति एक स्वतंत्र में स्थानांतरित हो गई। उनका नारा बन गया "सभी दलों के लिए खुला, लेकिन किसी से प्रभावित नहीं"। जब उन्हें पता चला कि ईस्ट इंडिया कंपनी से संबंध रखने वाले प्रतियोगी एक प्रतिद्वंद्वी अखबार, इंडिया गजट लॉन्च करने का इरादा कर रहे हैं, तो उन्होंने कंपनी के खिलाफ कड़ा रुख अपनाया। हिक्की ने ईस्ट इंडिया कंपनी के एक कर्मचारी, शिमोन ड्रोज़ पर, हिक्की द्वारा ड्रोज़ और मैरियन हेस्टिंग्स, वॉरेन हेस्टिंग्स की पत्नी को रिश्वत देने से इनकार करने के लिए सजा के रूप में इंडिया गजट का समर्थन करने का आरोप लगाया।

हिक्की के आरोप के प्रतिशोध में, हेस्टिंग्स की सर्वोच्च परिषद ने हिक्की को डाकघर के माध्यम से अपना समाचार पत्र मेल करने से मना किया। 18 नवंबर 1780 को, उसी दिन जब पहला भारत राजपत्र प्रकाशित हुआ था, हिक्की ने अपने अखबार के नाम को हिक्की के बंगाल गजट से संशोधित किया; या, कलकत्ता जनरल एडवरटाइजर, हिक्की के बंगाल गजट के लिए; या मूल कलकत्ता जनरल विज्ञापनदाता इस बात पर जोर देने के लिए कि उनके समाचार पत्र की स्थापना पहले की गई थी।

हिक्की ने दावा किया कि हेस्टिंग्स के आदेश ने अभिव्यक्ति की स्वतंत्रता के उनके अधिकार का उल्लंघन किया है, और हेस्टिंग्स पर भ्रष्टाचार, अत्याचार और यहां तक कि स्तंभन दोष का आरोप लगाया। हिक्की ने कलकत्ता में अन्य ब्रिटिश नेताओं पर भी भ्रष्टाचार का आरोप लगाया, जिसमें फोर्ट विलियम में सर्वोच्च न्यायालय के मुख्य न्यायाधीश, एलिजा इम्पे ने रिश्वत लेने का आरोप लगाया, और प्रोटेस्टेंट मिशन के नेता, जोहान जकरियास किरनेंडर पर चोरी का आरोप

लगाया। अनाथ बच्चों के कोष से। हेस्टिंग्स के रूप में हिक्की की संपादकीय स्वतंत्रता अल्पकालिक थी और किरनेंडर ने उन पर मानहानि का मुकदमा दायर किया। जून 1781 में चार नाटकीय परीक्षणों के बाद, सुप्रीम कोर्ट ने हिक्की को दोषी पाया और उसे जेल की सजा सुनाई।

हिक्की ने जेल से अपना अखबार छापना जारी रखा और हेस्टिंग्स और अन्य पर भ्रष्टाचार का आरोप लगाना जारी रखा। जब हेस्टिंग्स ने उनके खिलाफ नए मुकदमे शुरू किए तो उन्हें अंततः दबा दिया गया। 30 मार्च 1782 को हिक्की के बंगाल गजट का प्रकाशन बंद हो गया जब इसके प्रकारों को सर्वोच्च न्यायालय के एक आदेश द्वारा जब्त कर लिया गया। अगले हफ्ते, इसके प्रकार और प्रिंटिंग प्रेस को सार्वजनिक रूप से नीलाम किया गया और इंडिया गजट को बेच दिया गया।

हिक्की का बंगाल गजट अपनी व्यंग्यात्मक और उत्तेजक लेखन शैली के लिए जाना जाता था। अपने समय के कई समाचार पत्रों के विपरीत, अखबार ने महिला हस्तमैथुन, और प्रोटो-क्लास चेतना जैसे वर्जित विषयों पर चर्चा की, गरीबों के अधिकारों के लिए और प्रतिनिधित्व के बिना कराधान के खिलाफ बहस की। यह दृढ़ता से युद्ध-विरोधी और उपनिवेश -विरोधी था और अपने विस्तारवादी और साम्राज्यवादी उद्देश्यों के लिए ईस्ट इंडिया कंपनी के नेतृत्व का नियमित रूप से उपहास करता था।

हिक्की का बंगाल गजट एशिया में प्रकाशित होने वाला पहला मुद्रित समाचार पत्र था। यह अखबार न केवल उस समय भारत में तैनात ब्रिटिश सैनिकों के बीच प्रसिद्ध हुआ बल्कि भारतीयों को अपने स्वयं के समाचार पत्र लिखने के लिए भी प्रेरित किया।

तत्त्वबोधिनी पत्रिका

तत्त्वबोधिनी पत्रिका की स्थापना देवेंद्रनाथ टैगोर ने 16 अगस्त 1843 को तत्त्वबोधिनी सभा की एक पत्रिका के रूप में की थी, और 1883 तक इसका प्रकाशन जारी रहा। यह कोलकाता, भारत से प्रकाशित हुआ था। इसके संपादकीय बोर्ड में देवेंद्रनाथ टैगोर, ईश्वर चंद्र विद्यासागर, अक्षय कुमार दत्ता, राजनारायण बसु, राजेंद्रलाल मित्रा और द्विजेंद्रनाथ टैगोर शामिल हैं।

4. राम मोहन राय के शैक्षिक और सामाजिक सुधार

राम मोहन राय के शैक्षिक सुधारों ने देश में शिक्षा प्रणाली में सुधार किया। 19वीं शताब्दी के भारत की सामाजिक-आर्थिक और राजनीतिक स्थिति ने भारत में शिक्षा और शिक्षा को आवश्यक बना दिया। अंग्रेजी और पश्चिमी शिक्षा सीखना अनिवार्य हो गया। हालांकि, इतिहासकारों का मत है कि अंग्रेजी भाषा और पश्चिमी साहित्य की शुरुआत के लिए मुख्य रूप से आर्थिक कारक जिम्मेदार था। ब्रिटिश भारत में, शिक्षा की एक प्रणाली आवश्यक थी जो आजीविका कमाने में मदद कर सके। इन परिस्थितियों के कारण, भारत में शिक्षा के पहलू व्यापक हो गए।

भारत में पश्चिमी शिक्षा का प्रसार मुख्यत: प्रगतिशील भारतीय तत्वों के प्रयासों के कारण हुआ जिन्होंने सामाजिक सुधारों को बढ़ावा दिया। राजा राम मोहन राय के सामाजिक सुधारभारत को न केवल अंधविश्वासों की बेड़ियों से मुक्त कराया बल्कि भारत में शिक्षा की एक नई प्रणाली की शुरुआत की। राजा राम मोहन राय ने शिक्षा को सामाजिक सुधार का एक उपकरण माना। उन्होंने कोलकाता, वाराणसी और चेन्नई के प्रेसीडेंसी टाउन में संस्कृत कॉलेजों को मजबूत करने की सरकार की नीति का विरोध किया और अधिक प्राच्य कॉलेजों की स्थापना के लिए आग्रह किया। उन्होंने लॉर्ड एमहर्स्ट को लिखा कि संस्कृत भाषा और संस्कृत साहित्य की शिक्षाकुछ भी नहीं करेगा और इसका कोई व्यावहारिक उपयोग नहीं होगा। बल्कि उन्होंने उनसे भारत में पश्चिमी शिक्षा को बढ़ावा देने का अनुरोध किया। उन्होंने महसूस किया कि यदि वे सदियों पुराने वेदांत दर्शन या सिद्धांतों से चिपके रहते हैं तो युवा बदलते समाजों के अनुसार खुद को नहीं ढाल सकते। राम मोहन शिक्षा की आधुनिक प्रक्रिया और वैज्ञानिक शिक्षा के प्रमुख पैरोकार थे। स्थानीय लोगों का सुधार राम मोहन राय का मुख्य उद्देश्य था।

इसलिए, उन्होंने ब्रिटिश सरकार को सीखने में अधिक उदार और प्रबुद्ध प्रणाली को बढ़ावा देने में मदद की। शिक्षा की नई प्रणाली में उन्होंने गणित, प्राकृतिक दर्शन, रसायन विज्ञान और शरीर रचना विज्ञान जैसे व्यावहारिक उपयोग के विषयों को

अन्य उपयोगी विज्ञानों के साथ पेश किया। राजा राम मोहन के विरोध को तब अभिव्यक्ति मिली जब सरकार अंग्रेजी के साथ-साथ अन्य प्राच्य भाषाओं के अध्ययन को प्रोत्साहित करने के लिए सहमत हुई। प्रबुद्ध बंगालियों द्वारा वर्ष 1817 में स्थापित कलकत्ता हिंदू कॉलेज के लिए एक अनुदान स्वीकृत किया गया था। हिंदू कॉलेज की स्थापना अंग्रेजी में शिक्षा प्रदान करने के इरादे से की गई थी। हिंदू कॉलेज की शिक्षा प्रणाली ने पश्चिमी मानविकी और विज्ञान के अध्ययन पर भी जोर दिया।

राम मोहन ने अंग्रेजी और हिंदू विद्वानों का एक संघ बनाया। उन्होंने एक कॉलेज भी शुरू किया और विज्ञान, राजनीति विज्ञान, गणित और अंग्रेजी जैसे आधुनिक विषयों के शिक्षण की व्यवस्था की। राम मोहन राय ने न केवल पाश्चात्य शिक्षा की शुरुआत की, बल्कि स्त्री शिक्षा के विकास और समृद्धि को भी बढ़ावा दिया। उनका दृढ़ विश्वास था कि जब तक महिलाएं शिक्षित नहीं होंगी, समाज बुराइयों से मुक्त नहीं होगा। इस प्रकार राजा राम मोहन राय ने पश्चिमी शिक्षा को बढ़ावा दिया और उस समय के दौरान भारत ने शिक्षा के क्षेत्र में एक बड़ी प्रगति देखी।

आधुनिक भारत के निर्माता, महान सामाजिक-धार्मिक सुधार आंदोलनों के संस्थापक, ब्रह्म समाज, राजा राम मोहन राय ने सती प्रथा जैसी सामाजिक बुराइयों के उन्मूलन में महत्वपूर्ण भूमिका निभाई है। उन्होंने अंग्रेजी, आधुनिक चिकित्सा, प्रौद्योगिकी और विज्ञान के अध्ययन को लोकप्रिय बनाकर भारतीय समाज में विभिन्न परिवर्तनों की वकालत की। यही कारण है कि उन्हें मुगल सम्राट द्वारा "राजा" के रूप में संदर्भित किया गया था। राजा राम मोहन राय एक भारतीय धार्मिक, सामाजिक, शैक्षिक सुधारक और मानवतावादी थे, जिन्होंने पारंपरिक हिंदू संस्कृति को चुनौती दी और ब्रिटिश शासन के तहत भारतीय समाज के लिए प्रगति की रेखाओं का संकेत दिया। उन्होंने, द्वारकानाथ टैगोर और 19वीं सदी की शुरुआत के अन्य प्रमुख बंगालियों के साथ, 1828 में ब्रह्म सभा की स्थापना की, जिसने बंगाल पुनर्जागरण के दौरान एक प्रभावशाली भारतीय सामाजिक-धार्मिक सुधार आंदोलन ब्रह्म समाज को जन्म दिया। उनका प्रभाव क्षेत्र में दिखाई दे रहा था। राजनीति, लोक प्रशासन, समाज, धर्म और शिक्षा के क्षेत्र में। राजा राम मोहन राय को भारत में शिक्षा की आधुनिक प्रणाली का अग्रदूत कहा जा सकता है। उनकी नैतिक ईमानदारी और ऊर्जा, कल्पना की उनकी साहस और पहले सिद्धांत की दृढ़ समझ राजा राम मोहन राय को केवल 'महान शिक्षा सुधारक के रूप में ही नहीं बल्कि एक राष्ट्र निर्माता के रूप में चिह्नित करें। इस पत्र में लेखक विभिन्न शैक्षिक सुधारों को उजागर करने का प्रयास करते हैं। राजा राम मोहन राय के एम.एस. लेखक वर्तमान समय में राजा राम मोहन राय की प्रासंगिकता पर भी कुछ प्रकाश डालने का प्रयास करते हैं।

भारत दक्षिण एशिया का एक खूबसूरत देश है। यह क्षेत्रफल के हिसाब से 7वां सबसे बड़ा देश है, 1.2 अरब से अधिक लोगों के साथ दूसरा सबसे अधिक आबादी वाला देश और दुनिया में सबसे अधिक आबादी वाला लोकतंत्र है। दक्षिण में हिंद महासागर, दक्षिण-पश्चिम में अरब सागर और दक्षिण-पूर्व में बंगाल की खाड़ी से घिरा, यह पश्चिम में पाकिस्तान के साथ भूमि सीमा साझा करता है; उत्तर-पूर्व में चीन नेपाल और भूटान; और पूर्व में बर्मा और बांग्लादेश। हिंद महासागर में, भारत श्रीलंका और मालदीव के आसपास के क्षेत्र में है। भारत का मुख्य आदर्श वाक्य सत्यमेव जयते है। विवेकानंद, गांधीजी, नेताजी, विद्यासागर, राम मोहन राय आदि जैसे कई वीर, शिक्षक और महापुरुष भारत में पैदा हुए। उनमें से एक थे राजा राम मोहन राय। राम मोहन राय के बिना हम आधुनिक भारत की कल्पना नहीं कर सकते। वे न केवल एक महान सामाजिक, धार्मिक सुधारक थे बल्कि वे एक महान शैक्षिक विचारक या सुधारक भी थे। राजा राम मोहन राय एक महान विद्वान और स्वतंत्र विचारक और बहुभाषी व्यक्ति थे। शिक्षा प्रमुख आवश्यकता थी। उनभारशिक्षा उन्होंने भारतीय शिक्षा प्रणाली में पश्चिमी शिक्षा को शामिल करने की वकालत की। इसलिए उन्होंने भारत में अंग्रेजी, विज्ञान, पश्चिमी चिकित्सा और प्रौद्योगिकी के अध्ययन को बढ़ावा दिया। उन्होंने भारत में शिक्षा प्रणाली के कल्याण के लिए अपने पैसे का इस्तेमाल किया। बंगाल पुनर्जागरण में, राजा राम मोहन राय को सबसे महत्वपूर्ण व्यक्तियों में से एक माना जाता है। ब्रिटिश सरकार में भाग लेकर हिंदू धर्म और भारतीय अधिकारों की रक्षा के उनके प्रयासों को "बंगाल पुनर्जागरण के पिता" शीर्षक से अर्जित किया गया। आधुनिक एशिया का पुनरुत्थान या पुनर्जागरण पिछले दो सौ वर्षों के दौरान विश्व इतिहास की सबसे महत्वपूर्ण घटनाओं में से एक है। 19वीं शताब्दी के मध्य में एशिया का मन और आत्मा निश्चित रूप से जागृत हुआ है।

5. संबंधित साहित्य की समीक्षा

1. पाल, राजेंद्र, ने राजा राम मोहन राय पर एक परियोजना का संचालन किया है। उन्होंने राजा राम का वर्णन किया राजा मोहन राय को 'आधुनिक भारत का निर्माता' कहा जाने लगा है, अतीत में जो अच्छा और महान था, उसे त्यागे बिना उन्होंने एक महान भविष्य की नींव रखी। उन्होंने अपनी परियोजना में अंग्रेजी शिक्षा, महिला शिक्षा पर भी जोर दिया।

2. बेहरा, अरुण के. (2012) ने प्रेस की स्वतंत्रता के इतिहास का अध्ययन किया है, जिससे पता चलता है कि राजा राम मोहन राय प्रेस की स्वतंत्रता के प्रबल समर्थक और संरक्षक थे। वे भारतीय शिक्षा के अग्रदूत थे।

3. परवेज़, नज़ीर (2011) ने राजा राम मोहन राय: सामाजिक सुधार और महिला सशक्तिकरण पर एक अध्ययन किया है। अपने लेख में उन्होंने महिला अधिकारों और उनके सशक्तिकरण के 18 वें विशेष संदर्भ के दौरान राजा राम मोहन राय द्वारा शुरू किए गए सामाजिक-धार्मिक सुधार आंदोलन के विकास और विकास पर चर्चा की। उन्होंने पत्रकारिता के क्षेत्र में राजा राम मोहन राय के योगदान की सदी पर भी प्रकाश डाला, जिसे बाद में उन्होंने जनता तक पहुंचने और भारत के सांस्कृतिक उत्थान और देश के आधुनिकीकरण के लिए अपने आधुनिक विचारों को प्रचारित करने के लिए एक प्रशंसनीय माध्यम के रूप में इस्तेमाल किया। उनका विचार था कि शिक्षा के बिना उनके देशवासियों की सामाजिक और आर्थिक प्रगति संभव नहीं है।

अध्ययन का उद्देश्य

1. भारतीय शिक्षा के क्षेत्र में राजा राम मोहन राय के विभिन्न सुधारों को जानना।
2. वर्तमान समय में राजा राम मोहन राय की प्रासंगिकता जानने के लिए।

विश्लेषण और चर्चा

1. भारतीय शिक्षा के क्षेत्र में राजा राम मोहन राय के सुधार नीचे दिए गए हैं:

1. **पूर्वी और पश्चिमी संस्कृति का सिंथेसाइज़र:** हम यहाँ एक शिक्षाविद्

के रूप में राजा राम मोहन राय के काम से अधिक चिंतित हैं, और यह इस क्षेत्र में है कि हम उनके देश के लिए सबसे अधिक संकेत सेवाएं पाते हैं। वह उन शुरुआती भारतीयों में से एक थे जिन्होंने महसूस किया कि भारत की सबसे बड़ी जरूरत पूर्वी और पश्चिमी संस्कृतियों का संश्लेषण था। साथ ही, उन्होंने यह भी समझा कि भारतीय मस्तिष्क अपने अलगाव के कारण बहुत अधिक जंग खा चुका है और यह महसूस किया कि पश्चिमी साहित्य और विज्ञान के संपर्क से ही प्राच्य संस्कृति को पुनर्जीवित किया जा सकता है, इसके दोषों को ठीक किया जा सकता है और इसमें उन आवश्यक गुणों का योगदान दिया जा सकता है जिनकी कमी है।

2. अंग्रेजी शिक्षा: शिक्षा के क्षेत्र में राम मोहन पश्चिमी विज्ञान और विचार के मूल्य को समझने वाले भारत के पहले विचारकों में से एक थे। उन्होंने अंग्रेजी शिक्षा के पक्ष में प्रमुख राय बनाई जिससे भारतीय शिक्षित युवाओं में एकता की भावना पैदा हो सके। पश्चिमी शिक्षा के उनके विचारों ने लॉर्ड विलियम बेंटिक की सरकार को भारत में यूरोपीय शिक्षा शुरू करने में मदद की।

3. साहित्य: सामाजिक और साहित्यिक जीवन के अन्य पहलुओं में राम मोहन का योगदान अत्यधिक मूल्यवान था। यह सच है कि मृत्युंजय विद्यालंकार, राम मोहन बोस, राजीबलोचन, केरी आदि ने उनसे पहले बंगाली गद्य साहित्य के क्षेत्र में काम किया था, फिर भी यह स्वीकार किया जाना चाहिए कि राम मोहन ने एक शैली और मानक का योगदान दिया जिसने बंगाली गद्य के विकास में मदद की। कहानियों, उपन्यासों के साथ-साथ विवादास्पद साहित्य का वाहन (बनर्जी, जे.पी., 2004)।

4. भाषा: आधुनिक शिक्षा प्रणाली में राम मोहन राय का महान योगदान आधुनिक भारतीय भाषाओं के अध्ययन पर उनका जोर था। उन्होंने खुद बंगाली में व्याकरण, भूगोल, खगोल विज्ञान और ज्यामिति पर किताबें लिखकर इस मामले में एक महान नेतृत्व दिया और उन्हें आधुनिक साहित्यिक बंगाली गद्य का जनक माना जाता है। आधुनिक भारतीय भाषाओं के अध्ययन और विकास की उनकी वकालत।

5. महिला शिक्षा: राजा की महिलाओं की शिक्षा की हिमायत भी उतनी ही सक्षम थी। हालाँकि इस अवधारणा को मिशनरियों ने पहले ही सामने रखा था, लेकिन यह राजा ही थे जिन्होंने इसे हिंदुओं के बीच लोकप्रिय बनाने में मदद की। उन्होंने कहा कि भारत की महिलाएं उच्च शिक्षित हैं और महिलाओं की शिक्षा प्राचीन धार्मिक परंपराओं और मान्यताओं के अनुरूप है। ब्रह्म समाज ने हिंदू समाज में प्रचलित महिलाओं की शिक्षा के खिलाफ लोकप्रिय पूर्वग्रहों को दूर करने में बड़ी सेवा की और इसका श्रेय ज्यादातर राम मोहन को जाता है।

6. उनके अन्य योगदान: राम मोहन ने शिक्षा को सामाजिक सुधार के लिए

एक कार्यान्वयन के रूप में माना। 1817 में, डेविड हरे के सहयोग से, उन्होंने कलकत्ता में हिंदू कॉलेज की स्थापना की। 1822 में, रॉय ने एंग्लो-हिंदू स्कूल की स्थापना की, चार साल बाद (1826) वेदांत कॉलेज द्वारा पीछा किया: जहां उन्होंने जोर देकर कहा कि एकेश्वरवादी सिद्धांतों के उनके शिक्षण को आधुनिक पश्चिमी पाठ्यक्रम के साथ शामिल किया जाना चाहिए।

हालाँकि, राम मोहन शिक्षा की आधुनिक प्रक्रिया और वैज्ञानिक शिक्षा के मुख्य परोपकार थे। देशी लोगों का सुधार राजा का मुख्य उद्देश्य था। इसलिए, उन्होंने ब्रिटिश सरकार को सीखने में अधिक उदार और प्रबुद्ध प्रणाली को बढ़ावा देने में मदद की। शिक्षा की नई प्रणाली में उन्होंने गणित, दर्शनशास्त्र, रसायन विज्ञान और शरीर रचना विज्ञान जैसे व्यावहारिक उपयोग के विषयों को अन्य उपयोगी विज्ञानों के साथ पेश किया। साथ ही उन्होंने संस्कृत, फारसी और अरबी भाषाओं का अध्ययन किया। इनके अलावा, उन्होंने अंग्रेजी, ग्रीक और हिब्रू का अध्ययन किया। उन्होंने विभिन्न भाषाओं जैसे हिंदू, बंगाली, फारसी, अंग्रेजी और अन्य भाषाओं में किताबें लिखीं जो उन्होंने जीवन भर सीखी हैं। उन्होंने धर्म और दर्शन पर प्राचीन भारतीय कार्यों को बंगाल में अनुवाद किया।

।।. वर्तमान समय में राजा राम मोहन राय की प्रासंगिकता :

1. राजा राम मोहन राय पहले भारतीय थे जिन्होंने भारत में सुधारवादी आंदोलन की स्थापना की। वह जल्द से जल्द भारत का आधुनिकीकरण करना चाहता था; इसलिए, उन्हें 'आधुनिक युग का प्रतिनिधि' कहा जाता था। वास्तव में, राजा राम मोहन राय ने सामाजिक और धार्मिक आंदोलनों की प्रगति और विकास में महत्वपूर्ण भूमिका निभाई। वे एक महान सुधारक, राजनीतिज्ञ, संपादक, धर्मशास्त्री और साहित्यकार थे। उन्होंने भारत के आधुनिकीकरण में एक प्रमुख भूमिका निभाई।

2. राजा राम मोहन राय एक विद्वान और शिक्षित व्यक्ति थे, इसलिए उन्होंने शिक्षा और साहित्य के विकास को अपने जीवन का लक्ष्य बनाया। इसलिए उन्होंने कई जगहों पर स्कूल और कॉलेज खोले, वेदांत कॉलेज, इंग्लिश स्कूल और कलकत्ता का सिटी कॉलेज उनके प्रयासों के परिणाम थे। इन सभी शिक्षण संस्थानों ने वास्तव में भारत के आधुनिकीकरण में योगदान दिया।

3. राजा राम मोहन राय ने समाचार पत्रों और उनकी पुस्तकों को अपने आदर्शों के प्रचार का माध्यम बनाया। उन्होंने बंगाल के विकास में भी जबरदस्त योगदान दिया। उर्दू, फारसी, अरबी, संस्कृत और अंग्रेजी भाषा और साहित्य और इन सभी भाषाओं में किताबें लिखीं।

4. उन्होंने अपने विचारों को लोगों तक पहुंचाने के लिए अपने अखबारों को

'सैनवाद कौमुदी' और 'मिरतुल अखबारी' वाहन बनाया। वह सभी शिक्षा और साहित्य को किसी भी प्रतिबंध से मुक्त बनाने के पक्ष में भी थे।

5. सच तो यह है कि बांग्ला गद्य साहित्य की शुरुआत करने का श्रेय केवल राममोहन को ही नहीं है, केरी और कुछ अन्य लोगों ने राम मोहन को दिया था। फिर भी यह स्वीकार किया जाना चाहिए कि उन्होंने एक शैली, मानक और गति की शुरुआत की थी जिसने कहानी, उपन्यास और निबंध रूपों के तेजी से विकास में मदद की।

6. राय का मानना था कि शिक्षा के था कि शिक्षा सामाजिक सुधार का एक कार्यान्वयन है। उचित शिक्षा बिना हम अपने समाज में सुधार नहीं कर सकते। शिक्षा सामाजिक परिवर्तन का एक साधन है। रॉय का मानना था कि आधुनिक शिक्षा सामाजिक सुधारों को आगे बढ़ाने और लोगों को उनके अधिकारों के बारे है कि समाज में शिक्षा ही जागरूक करने का एक महत्वपूर्ण माध्यम है।

7. उन्होंने जोर देकर कहा कि एकेश्वरवादी सिद्धांतों के उनके शिक्षण को "आधुनिक, पश्चिमी पाठ्यक्रम" के साथ शामिल किया जाना चाहिए। उन्होंने भारतीय शिक्षा में पश्चिमी शिक्षा को शामिल करने का समर्थन किया।

8. उन्होंने पश्चिमी और भारतीय शिक्षा के संश्लेषण के रूप में पाठ्यक्रमों की पेशकश करते हुए वेदांत कॉलेज की भी स्थापना की। राजा राम मोहन राय पश्चिमी शिक्षा, विज्ञान और गणित की शक्ति में एक महान आस्तिक थे और पूरे भारत में उनके अपनाने का प्रचार किया। था कि अगर ये अनुशासन अंग्र व्यापक आलोचना और 'देशद्रोही' होने के आरोपों के बावजूद, वह अपने सुधारों और आदर्शों के माध्यम से भारत में एक सांस्कृतिक और शैक्षिक बदलाव लाने के लिए जिम्मेदार थे। उनका मानना था कि भारतीयो था कि भारतीयों को पश्चिम से अच्छी चीजें सीखनी चाहिए और अद्वितीय, शक्तिशाली परिणाम देने के लिए इसे पारंपरिक ज्ञान से भरना चाहिए। वह एक विद्वान और एक महान शिक्षाविद् थे, जिन्हें संस्कृत, फारसी, अंग्रेजी, अरबी, लैटिन और ग्रीक का विस्तृत ज्ञान था। उन्होंने भारत में शिक्षण के माध्यम के रूप में अंग्रेजी का समर्थन किया क्योंकि उनका

यह मानना था कि अंग्रेजी भाषा के माध्यम से शिक्षण पारंपरिक भारतीय शिक्षा से बेहतर है।

9. आधुनिक शिक्षा में राजा राम मोहन का एक और महान योगदान आधुनिक भारतीय भाषाओं के अध्ययन पर उनका जोर था। (नाइक, जे.पी. और नुरुल्ला, एस. 1974)। उन्होंने खुद सेंगली में व्याकरण, भूगोल, खगोल विज्ञान और ज्यामिति पर किताबें लिखकर इस दिशा में नेतृत्व दिया। समान रूप से राजा की महिलाओं की शिक्षा की वकालत थी। उनके ब्रह्म समाज ने तत्कालीन हिंदू समाज में प्रचलित

महिलाओं की शिक्षा के खिलाफ पूर्वाग्रहों को दूर करने में एक महान सेवा की।

10. राजा राम मोहन राय को आधुनिक शिक्षा प्रणाली का अग्रदूत कहा जा सकता है।

11. उनकी नैतिक ईमानदारी और अथक ऊर्जा, उनकी कल्पना की निर्भीकता और पहले सिद्धांतों की दृढ़ पकड़ राजा राम मोहन राय को न केवल एक महान शिक्षा सुधारक के रूप में बल्कि एक राष्ट्र निर्माता के रूप में चिह्नित करती है। (हैम्पटन, एच.वी., 1947) इन और अन्य मूल्यवान सेवाओं के लिए ही राजा को "आधुनिक भारत का निर्माता" कहा जाता है। उन्होंने न केवल लोगों को धर्म और समाज से संबंधित समस्याओं से अवगत कराया। साथ ही इन समस्याओं को हल करने के लिए रचनात्मक तरीके का सुझाव भी दिया और उन्हें प्रेरित किया।

12. महिलाओं के सशक्तिकरण पर रॉय के विचार अभी भी प्रशंसनीय थे। रॉय की धार्मिक सार्वभौमिकता की वकालत आज भी एक सामाजिक और सामाजिक के रूप में बहुत प्रासंगिक है।

13. वह बाल-विवाह, जातिवाद जैसी अन्य सामाजिक बुराइयों के समान रूप से और दृढ़ता से खिलाफ थे। बहुविवाह और महिलाओं का शोषण। हिन्दुओं की दयनीय स्थिति देखकर वे हतप्रभ रह गए। और उनके उत्थान के लिए प्रतिज्ञा ली।

उपरोक्त चर्चाओं से, वह न केवल एक सामाजिक, राजनीतिक, आर्थिक, धार्मिक सुधारक बल्कि एक महान "शैक्षिक विचारक या सुधारक भी थे। विशेष रूप से शिक्षा के क्षेत्र में उनका योगदान बहुत ही प्रशंसनीय और उल्लेखनीय है। शिक्षा में सुधार के उनके विचार अभी भी बहुत महत्वपूर्ण है। राम मोहन राय अपने वैज्ञानिक स्वभाव, व्यापक दृष्टिकोण, स्वतंत्रता की चैंपियनशिप, उदार और मौलिक सुधारों और समानता और मानवतावाद के अग्रदूत के साथ आए थे। अब वे दुनिया में नहीं हैं, लेकिन शिक्षा के क्षेत्र में उनका उल्लेखनीय स्थान है हर भारतीय को याद करते हुए। धीरे-धीरे, भारत में सुधार की एक धारा फैल गई और एक के बाद एक, भारत में विभिन्न आंदोलनों का उदय हुआ। इसलिए राजा राम मोहन राय को आधुनिक भारत का प्रवर्तक माना जाता है। वास्तव में। राजा राम मोहन राय और ब्रह्म समाज दोनों ने खेला आधुनिक भारत के निर्माण में एक महत्वपूर्ण भूमिका। आर एन टैगोर ने उन्हें 'भारत पथिक' कहा। साथ ही बिपिन चंद्र पाल ने एक सदी बाद टिप्पणी की कि अमूल्य मूल्य ओ f राजा का प्रयास मध्ययुगीनवाद के खिलाफ उनका संघर्ष था, जिसके लिए उन्हें 'पुनर्जागरण के पिता' के रूप में पहचाना और सम्मानित किया जाता है। वह पूर्वी और पश्चिमी संस्कृति के बीच सिंथेसाइज़र थे। देबेंद्र नाथ टैगोर, विद्यासागर और आर एन टैगोर के नेतृत्व में सिंथेसिस्ट सेंट्रिस्ट।

6. सती प्रथा

सती जैसी प्रथाएं समाज के लिए कलंक है। इस तरह की प्रथाएं समाज में महिलाओं के खिलाफ अन्याय को बढ़ावा देती हैं। इस प्रथा की आड़ में जाने कितने परिवार खत्म हुए, बच्चों से मां का आसरा छीना गया। इस कुप्रथा के खिलाफ एक बड़ी लड़ाई के बाद आज ही के दिन यानी 4 दिसंबर को हमारे समाज को इस कुप्रथा से मुक्ति मिली थी।

1. सती जैसी प्रथाएं समाज के लिए कलंक है। इस तरह की प्रथाएं समाज में महिलाओं के खिलाफ अन्याय को बढ़ावा देती हैं। इस प्रथा की आड़ में जाने कितने परिवार खत्म हुए, बच्चों से मां का आसरा छीना गया। इस कुप्रथा के खिलाफ एक बड़ी लड़ाई के बाद आज ही के दिन यानी 4 दिसंबर को हमारे समाज को इस कुप्रथा से मुक्ति मिली थी। सती प्रथा में पति की मृत्यु के बाद पत्नी को भी चिता पर बिठा दिया जाता था। उसे भी अपने प्राण त्यागने के लिए विवश किया जाता था।

2. सती प्रथा में पति की मृत्यु के बाद पत्नी को भी चिता पर बिठा दिया जाता था। उसे भी अपने प्राण त्यागने के लिए विवश किया जाता था। मान्यताओं के अनुसार मां दुर्गा के रूप सती ने पति भगवान शिव के पिता दक्ष के द्वारा किये गये अपमान से क्षुब्ध होकर अग्नि में आत्मदाह कर लिया था। कई लोग मानते हैं कि यहीं से सती प्रथा की शुरुआत हुई थी।

3. मान्यताओं के अनुसार मां दुर्गा के रूप सती ने पति भगवान शिव की पिता दक्ष के द्वारा किये गये अपमान से क्षुब्ध होकर अग्नि में आत्मदाह कर लिया था। कई लोग मानते हैं कि यहीं से सती प्रथा की शुरुआत हुई थी। लेकिन इसे भी सती प्रथा के समान नहीं माना जा सकता क्योंकि इस समय उनके पति जीवित थे।

4. लेकिन इसे भी सती प्रथा के समान नहीं माना जा सकता क्योंकि इस समय उनके पति जीवित थे। भारतीय इतिहास की बात करें तो गुप्तकाल में 510 ईसवी के आसपास सती प्रथा के होने के प्रमाण मिलते हैं। महाराजा भानुप्रताप के राज घराने के गोपराज की युद्ध में मृत्यु हो जाने के बाद उनकी पत्नी ने अपने प्राण त्याग दिए थे.

5. भारतीय इतिहास की बात करें तो गुप्तकाल में 510 ईसवी के आसपास सती प्रथा के होने के प्रमाण मिलते हैं। महाराजा भानुप्रताप के राज घराने के गोपराज की

युद्ध में मृत्यु हो जाने के बाद उनकी पत्नी ने अपने प्राण त्याग दिए थे। अपनी आंखों के सामने पाप होते हुए देख भी लोगों ने उसे धर्म का आदर करना समझा। कुछ क्षेत्रों में तो लोगों ने मृत पति की जायदाद पर कब्ज़ा करने के लिए पत्नियों को जबर्दस्ती सती होने पर जोर दिया। लेकिन फिर 19वीं शताब्दी में इसे रोकने के लिए बदलाव की हवा बहने लगी।

6. अपनी आंखों के सामने पाप होते हुए देख भी लोगों ने उसे धर्म का आदर करना समझा। कुछ क्षेत्रों में तो लोगों ने मृत पति की जायदाद पर कब्ज़ा करने के लिए पत्नियों को जबर्दस्ती सती होने पर जोर दिया। लेकिन फिर 19वीं शताब्दी में इसे रोकने के लिए बदलाव की हवा बहने लगी। आधुनिक भारत के जनक राजा राम मोहन राय ने सती प्रथा को खत्म करने के लिए कई जतन किए। इसी के साथ उन्होंने विधवा विवाह को भी सही ठहराया।

7. आधुनिक भारत के जनक राजा राम मोहन राय ने सती प्रथा को खत्म करने के लिए कई जतन किए। इसी के साथ उन्होंने विधवा विवाह को भी सही ठहराया। राजा राम मोहन राय ने सती प्रथा जैसी की गलत परंपराओं और उनके बुरे प्रभावों के साथ उसके निवारण पर हिंदी, अंग्रेजी और बांग्ला भाषा में पुस्तकें लिखकर फ्री में बंटवाई।

8. राजा राम मोहन राय ने सती प्रथा जैसी की गलत परंपराओं और उनके बुरे प्रभावों के साथ उसके निवारण पर हिंदी, अंग्रेजी और बांग्ला भाषा में पुस्तकें लिखकर फ्री में बंटवाई। 4 दिसंबर, साल 1829 को लॉर्ड विलियम बेंटिक की अगुवाई और राजा राम मोहन राय जैसे भारतीय समाज सुधारकों के प्रयासों से सती प्रथा पर भारत में पूरी तरह से रोक लगी थी।

सती प्रथा के पीछे का इतिहास

इस प्रथा को इसका यह नाम देवी सती के नाम से मिला है जिन्हें दक्षायनी के नाम से भी जाना जाता है। हिन्दू धार्मिक ग्रंथों के अनुसार देवी सती ने अपने पिता दक्ष द्वारा अपने पति महादेव शिव के तिरस्कार से व्यथित हो यज्ञ की अग्नि में कूदकर आत्मदाह कर लिया था। सती शब्द को अक्सर अकेले या फिर सावित्री शब्द के साथ जोड़कर किसी "पवित्र महिला" की व्याख्या करने के लिए प्रयुक्त किया जाता है।

महाभारत मे राजा पांडु की के संग उनकी एक पत्नी माद्री सती हुई थी।

कृष्ण के संग उनकी 4 रानियां सती हुई थी ये एक स्वेच्छिक कुरीति थी कोई धार्मिक प्रथा नही... किंतु इसे कई जातियों ने पूर्ण रुप से लागू कर रखा था, जिससे इसका प्रचार प्रसार हुआ।

सती प्रथा के कारण

प्राचीन काल में सती प्रथा का एक यह भी कारण रहा था। आक्रमणकारियों द्वारा जब पुरुषों की हत्या कर दी जाती थी, उसके बाद उनकी पत्नियाँ अपनी अस्मिता व आत्मसम्मान को महत्वपूर्ण समझकर स्वयमेव अपने पति की चिता के साथ आत्मत्याग करने पर विवश हो जाती थी।

कालांतर में महिलाओं की इस स्वैच्छिक विवशता का अपभ्रंश होते-होते एक सामाजिक रीति जैसी बन गयी, जिसे सती प्रथा के नाम से जाना जाने लगा।

सती प्रथा का अंत

ब्रह्म समाज के संस्थापक राजा राममोहन राय ने सती प्रथा के विरुद्ध समाज को जागरूक किया। जिसके फलस्वरूप इस आन्दोलन को बल मिला और तत्कालीन अंग्रेजी सरकार को सती प्रथा को रोकने के लिये कानून बनाने पर विवश होना पड़ा था। अन्तत: उन्होंने सन् 1829 में सती प्रथा रोकने का कानून पारित किया। इस प्रकार भारत से सती प्रथा का अन्त हो गया।

हैदरबाद के छठे निज़ाम-महबूब अली खान ने स्वयं 12 नवंबर,1876 को एक चेतावनी घोषणापत्र जारी किया और कहा, अब यह सूचित किया गया है कि यदि भविष्य में कोई भी इस दिशा में कोई कार्रवाई करता है, तो उन्हें गंभीर परिणामों का सामना करना पड़ेगा। अगर तलुकादार, नवाब, जगदीड़, ज़मीनदार और अन्य इस मामले में लापरवाही पाए जाते हैं, सरकार द्वारा उनके खिलाफ गंभीर कार्रवाई की जाएगी।

7. विधवा पुनर्विवाह

विधवा पुनर्विवाह अधिनियम, 1856 में ब्रिटिश भारत में ब्राह्मण, राजपूतों, बनिया और कायस्थ जैसे कुछ अन्य जातियों के बीच मुख्य रूप से विधवापन अभ्यास पर रोक लगाने हेतु पारित किया गया था| यह कानून बच्चे और विधवाओं के लिए एक राहत के रूप में तैयार किया गया था जिसके पति की समय से पहले मृत्यु हो गई हो।

हिंदू विधवा पुनर्विवाह अधिनियम 1856 हिंदू जाति में जो पूर्व की विवाह परंपरा थी उसमें विवाह अधिनियम 1856 के अधिनियम के द्वारा सभी अड़चने द्वेष आदि को इस अधिनियम के तहत समाप्त कर दिया गया और इसमें नवीन पद्धतियों को जन्म दिया गया उस समय भारत ब्रिटिश अधीन था इसलिए भारत को ब्रिटिश भारत कहा जाता था यह सुधार हिंदू विवाह के विधवाओं के लिए सबसे बड़ा सुधार था पुरातन समय में किसी औरत के पति की मृत्यु हो जाने पर उसे उसकी चिता के साथ जलना होता था या सर मुंडवाना होता था आदि ऐसी जटिल प्रक्रियाएं थी लेकिन इस अधिनियम के तहत कुछ प्रमुख सुधार लाए गए है कि जिन के मुख्य बिंदु निम्नलिखित है 1. यदि किसी स्त्री के पति की मृत्यु हो जाती है तो वह पुनर्विवाह कर सकती है 2. इस विवाह में उसके सगे संबंधी अर्थात माता पिता भाई दादा नाना नानी आदि संबंधियों के द्वारा बात करके दूसरे विवाह को मंजूरी दी जा सकती है यथा पुनर्विवाह करने वाली महिला अल्पवयस्क है 3. विवाह में सहमति का होना अत्यंत आवश्यक है 4. जिस घर कि वह पहले बहु थी अर्थात उसके मृत्यु वाले पति का घर उस पर उसका कोई संपत्ति के तौर पर अधिकार नहीं होगा जहां वह पुनर्विवाह के बाद जाएगी वहां उसका अधिकार माना जाएगा

तथा निश्चित रूप से कहा जा सकता है कि हिंदू जाति कि जो पुरातन समय के अनुसार जो विवाह की परंपरा थी वह कई रूप से आज की अपेक्षा बिखरी हुई थी जिससे कि उस में कई बंधित नियम थे जिसमें एक पति की मृत्यु होने के पश्चात उसकी पत्नी को उसकी चिता पर जिंदा जलना या बाल मुंडवा देना या दूसरी शादी ना करना आदि कई सारी परंपराएं सम्मिलित थी जिसके अनुसार 1856 ईसवी में ब्रिटिश इंडिया हिंदू विधवा पुनर्विवाह अधिनियम बनाया गया जिसमें कई सुधार लाए

गए अर्थात पूर्व की अपेक्षा वर्तमान विवाह सरल एवं सुखदाई है| इस समय भारत का गवर्नर जनरल लार्ड डलहौजी (1848-1856) था।

सन् 1857 की क्रांति तो सबको याद होगी पर गुलाम भारत में सन् 1856 में भी एक क्रांति हुई थी जिसे भारत का समाज शायद याद नही रखना चाहता। श्री ईश्वरचन्द्र विद्यागर के प्रयत्नों से पास हुए सन् 1856 के हिन्दू विधवा पुनर्विवाह अधिनियम से विधवा विवाह को वैध घोषित कर दिया गया था पर दुख की बात यह है कि इस विषय में पूरे भारतवर्ष में ना तब बात की गई थी ना अब की जाती है। कहा जाता है कि हम भारतीय अपनी संस्कृति, धर्म का पालन सदियों से करते आ रहे हैं और यह विरासत अपनी आने वाली पीढ़ियों को भी देते आए हैं। होली, दिवाली, ईद, क्रिसमस सभी त्योहार हम सब साथ मिलकर मनाते आए हैं शायद इसलिए एक कानून बनने के बाद भी हम अब तक उस मानसिकता से बाहर नही आ पाए हैं जिसमें एक विधवा विवाह को सम्मानित नजरों से देखा जाता है।

सामाजिक नियमों के बंधन में रहकर आचरण करने से किसी भी समाज में एक अनुशासन बना रहता है। हर देश की अलग-अलग संस्कृति व सामाजिक नियम कानून होते हैं और वहां के नागरिक उन्हीं के अनुसार अपना जीवन जीते हैं।

भारत की संस्कृति में बचपन से माता-पिता के साथ रहकर शिक्षा ग्रहण करना, विवाह करना व प्रौढ़ अवस्था में अपने बुजुर्ग माता पिता की सेवा करने की परंपरा है। विवाह के बाद यदि पत्नी की मृत्यु हो जाए और दंपत्ती की संतान है तो पति को बच्चों की देखभाल के लिए समाज विवाह की अनुमति दे देता है। पुरुषों के लिए यह भी कहा जाता है कि यह अकेले कैसे जीवन यापन करेगा।

नवविवाहित जोड़ा हो और पति की मृत्यु हो जाए तो महिला को तरह-तरह की बातें कही जाती हैं, उस पर अशुभ होने का ठप्पा लगा दिया जाता है और उससे शादी के लिए कोई तैयार नही होता है। यदि किसी विधवा युवती की संतान होती है तो उसका विवाह होना और भी मुश्किल हो जाता है।

एक ओर जहां समाज में व्याप्त अन्य कुरीतियां समाप्त हो रही हैं, जैसे दहेज प्रथा, बाल विवाह अब पहले की तुलना कम हो गए हैं वही आश्चर्य की बात यह है कि विधवा विवाह की समस्या वैसी ही बनी हुई है।

आज महिलाएं पुरुषों के साथ कंधे से कंधा मिलाकर चल रही हैं। बड़ी बड़ी कंपनियों के प्रबंधन की बात हो या राजनीति में भागीदारी महिलाओं के योगदान को कम करके नही आंका जा सकता है। महिलाएं अब पहले से अधिक आत्मनिर्भर हो गई हैं और विधवा पुनर्विवाह समाज में स्वीकार किया जाए उसका यही सबसे उपयुक्त समय है।

युवा वर्ग किसी भी क्रांति को लाने में सक्षम है फिर वह चाहे सामाजिक हो या राजनीतिक। अपने युवा पुत्र का विवाह एक विधवा से कराने का उदाहरण देने के बाद ही श्री ईश्वरचन्द्र विद्यागर भी विधवा पुनर्विवाह पर समाज में अपनी बात मजबूती से रख पाए।

भारत में महिलाओं को देवी का दर्जा दिया गया है। एकल परिवार में जीवनसाथी अगर साथ दे तो पति-पत्नी दोनों कमा कर अपने परिवार की अर्थिक स्थिति मजबूत कर सकते हैं और अब एकल परिवारों का ही अधिक चलन है।

विधवा महिला यदि समझदार, शिक्षित है तो यह कहीं नही लिखा है कि वह अच्छी जीवनसंगिनी नही बन सकती। यदि हम ऐसी विधवा महिला की बात करें जिसकी कोई संतान है तो परिवार नियोजन के इस जमाने में वह महिला विवाह के लिये सबसे उपयुक्त है।

यदि हम सिर्फ विधवा शब्द की मानसिक बाधा को दूर कर दें तब शायद किसी 20 वर्ष की बेवा को अपना बाकी बचा जीवन अकेले समाज की तिरस्कृत नजरों के बीच ना बिताना पड़े।

8. बाल विवाह

बाल विवाह केवल भारत मैं ही नहीं अपितु सम्पूर्ण विश्व में होते आएं हैं और समूचे विश्व में भारत का बालविवाह में दूसरा स्थान हैं। समूचे भारत में 49% लड़कियों का विवाह 18 वर्ष की आयु से पूर्व ही हो जाता हैं। भारत में, बाल विवाह केरल राज्य, जो सबसे अधिक साक्षरता वाला राज्य है, में अब भी प्रचलन में है। यूनिसेफ (संयुक्त राष्ट्र अंतरराष्ट्रीय बाल आपात निधि) की रिपोर्ट के अनुसार, भारत के ग्रामीण क्षेत्रों में नगरीय क्षेत्रों से अधिक बाल विवाह होते है। आँकड़ो के अनुसार, बिहार में सबसे अधिक 68% बाल विवाह की घटनाएं होती है जबकि हिमाचल प्रदेश में सबसे कम 9% बाल विवाह होते है।

यह सोच कर बड़ा अजीब लगता हैं कि वह भारत जो अपने आप में एक महाशक्ति के रूप में उभर रहा हैं उसमें आज भी एक ऐसी कुरीति जिन्दा हैं। एक ऐसी कुरीति जिसमें दो अपरिपक्व लोगो को जो आपस में बिलकुल अनजान हैं उन्हें जबरन ज़िन्दगी भर साथ रहने के एक बंधन में बांध दिया जाता हैं और वे दो अपरिपक्व बालक शायद पूरी ज़िन्दगी भर इस कुरीति से उनके ऊपर हुए अत्याचार से उभर नहीं पाते हैं और बाद में स्तिथियाँ बिलकुल खराब हो जाती हैं और नतीजे तलाक और मृत्यु तक पहुँच जाते हैं।

तो क्या यह प्रथा भारत में आदिकाल से ही थी? या इसे बाद में प्रचलन में लाया गया? और यदि बाद में लाया गया तो इसका क्या कारण था?

यह प्रथा भारत में शुरू से नहीं थी। इसकी जानकारी हमें आर्यो के आने के बाद देखने को मिलती है। भारतीय बाल विवाह को लड़कियों को विदेशी शासकों से बलात्कार और अपहरण से बचाने के लिये एक हथियार के रूप में प्रयोग किया जाता था। बाल विवाह को शुरु करने का एक और कारण था कि बड़े बुजुर्गों को अपने पोतों को देखने की चाह अधिक होती थी इसलिये वो कम आयु में ही बच्चों की शादी कर देते थे जिससे कि मरने से पहले वो अपने पौत्रों के साथ कुछ समय बिता सकें।

बालविवाह के दुस्परिणाम?

बालविवाह के केवल दुस्परिणाम ही होते हैं जिनमें सबसे घातक शिशु व माता की मृत्यु दर में वृद्धि। शारीरिक और मानसिक विकास पूर्ण नहीं हो पता हैं

और वे अपनी जिम्मेदारियों का पूर्ण निर्वहन नहीं कर पाते हैं और इनसे एच.आई. वि. जैसे यौन संक्रमित रोग होने का खतरा हमेशा बना रहता हैं।।

बालविवाह होने के कारण?

भारत में बालविवाह होने के कई कारण हैं जैसे-

1. लड़की की शादी को माता-पिता द्वारा अपने ऊपर एक बोझ समझना।
2. शिक्षा का अभाव।
3. रूढ़िवादिता का होना।
4. अन्धविश्वास।
5. निम्न आर्थिक स्थिति।

क्या बालविवाह को रोकने के लिए कुछ नहीं किया गया?

बालविवाह को रोकने के लिए इतिहास में कई लोग आगे आये जिनमें सबसे प्रमुख राजाराम मोहन राय, केशबचन्द्र सेन जिन्होंने ब्रिटिश सरकार द्वारा एक बिल पास करवाया जिसे Special Marriage Act कहा जाता हैं इसके अंतर्गत शादी के लिए लडको की उम्र 18 वर्ष एवं लडकियों की उम्र 14 वर्ष निर्धारित की गयी एवं इसे प्रतिबंधित कर दिया गया। फिर भी सुधार न आने पर बाद में Child Marriage Restraint नामक बिल पास किया गया इसमें लड़कों की उम्र बढ़ाकर 21 वर्ष और लड़कियों की उम्र बढ़ाकर 18 वर्ष कर दी गयी। स्वतंत्र भारत में भी सरकार द्वारा भी इसे रोकने के कही प्रयत्न किये गए और कही क़ानून बनाये गए जिस से कुछ हद तक इनमे सुधार आया परन्तु ये पूर्ण रूप से समाप्त नहीं हुआ। सरकार द्वारा कुछ क़ानून बनाये गए हैं जैसे बाल-विवाह निषेध अधिनियम 2006 जो अस्तित्व में हैं। ये अधिनियम बाल विवाह को आंशिक रूप से सीमित करने के स्थान पर इसे सख्ती से प्रतिबंधित करता है। इस कानून के अन्तर्गत, बच्चे अपनी इच्छा से वयस्क होने के दो साल के अन्दर अपने बाल विवाह को अवैध घोषित कर सकते है। किन्तु ये कानून मुस्लिमों पर लागू नहीं होता जो इस कानून की सबसे बड़ी कमी है।

बाल विवाह को रोकने हेतु उपाय?

बालविवाह रोकने हेतु कुछ उपाय हो सकते हैं जैसे-

1. समाज में जागरूकता फैलाना।
2. मीडिया इसे रोकने में प्रमुख भागीदारी निभा सकती हैं।
3. शिक्षा का प्रसार।
4. ग़रीबी का उन्मूलन।

5. जहाँ मीडिया का प्रसार ना हो सके वह नुक्कड़ नाटको का आयोजन करना चाहिए।

बाल विवाह प्रथा अधिनियम = शारदा एक्ट 1929 में 1 अप्रैल 1930 को बाल विवाह प्रथा को पहली बार समाप्त किया गया था जिसमें लड़के की उम्र 18 वर्ष और लड़की की उम्र 14 वर्ष रखी गई थी लेकिन संसोधन 1978 एक्ट में लड़के की उम्र 21 वर्ष और लड़की की उम्र 18 वर्ष कर दी गई।

बाल विवाह निषेध अधिनियम, 2006:

भारत में 1 नवंबर 2007 को बाल विवाह निषेध अधिनियम 2006 लागू हुआ। अक्टूबर 2017 में, भारत के सर्वोच्च न्यायालय ने एक बाल वधू के साथ यौन अपराधीकरण के बारे में एक निर्णायक निर्णय दिया, इसलिए भारत के आपराधिक न्यायशास्त्र में एक अपवाद को हटा दिया जो तब तक उन पुरुषों को कानूनी संरक्षण प्रदान करता था जिन्होंने अपनी छोटी पत्नियों के साथ बलात्कार किया था।

यूनिसेफ 18 वर्ष से पहले विवाह को बाल विवाह के रूप में परिभाषित करता है और इस प्रथा को मानव अधिकार का उल्लंघन मानता है। भारत में बाल विवाह लंबे समय से एक मुद्दा रहा है, क्योंकि पारंपरिक, सांस्कृतिक और धार्मिक संरक्षण में इसकी जड़ से लड़ने के लिए कड़ी मेहनत की गई है। 2001 की जनगणना के अनुसार भारत में 15 वर्ष से कम उम्र की 1.5 लाख लड़कियां पहले से ही विवाहित हैं। ऐसे बाल विवाह के कुछ हानिकारक परिणाम यह हैं कि, बच्चा शिक्षा और परिवार और दोस्तों से अलगाव, यौन शोषण, जल्दी गर्भावस्था और स्वास्थ्य जोखिम, घरेलू हिंसा की चपेट में आने, उच्च शिशु मृत्यु दर, कम वजन वाले शिशुओं का जन्म, पूर्व के अवसरों को खो देता है।

इस अधिनियम के तहत सजा:

1. **पुरुष वयस्क के लिए सजा**: यदि कोई वयस्क पुरुष जो 21 वर्ष से अधिक आयु का है, बाल विवाह करता है, तो उसे 2 वर्ष के लिए कठोर कारावास या एक लाख रुपये या दोनों का जुर्माना हो सकता है।

2. **विवाह में सहायक होने के लिए दंड**: यदि कोई व्यक्ति किसी भी बाल विवाह में सहायता करता है, आचरण करता है, निर्देशित करता है या उसका पालन करता है, तो उसे 2 वर्ष के कठोर कारावास या एक लाख रुपये या दोनों का जुर्माना हो सकता है।

3. **विवाह को बढ़ावा देने / अनुमति देने के लिए सजा**: बच्चे के माता-पिता या अभिभावक या कोई अन्य संगठन के सदस्य सहित कोई व्यक्ति जो बाल

विवाह को बढ़ावा देने या अनुमति देने के लिए कोई कार्य करता है या लापरवाही से इसे रोकने में विफल रहता है। इस तरह के विवाह में शामिल होने या भाग लेने सहित, इसे दोषी ठहराए जाने पर 2 साल तक के कठोर कारावास या एक लाख रुपये या दोनों का जुर्माना हो सकता है।

आज भारत सहित सम्पूर्ण विश्व में बाल विवाह पर कानून बने हैं इसके पीछे हमारे राजा राममोहन राय ने जो अथक प्रयास किए उन्हें भुलाया नहीं जा सकता।

9. धार्मिक योगदान एवम् राष्ट्रीयता

ब्रह्म समाज

ब्रह्म समाज ब्राह्मणवाद का सामाजिक घटक है, जो बंगाल पुनर्जागरण के दौरान दिखाई देने वाले हिंदू धर्म के एकेश्वरवादी सुधारवादी आंदोलन के रूप में शुरू हुआ।

यह भारत में सबसे प्रभावशाली धार्मिक आंदोलनों में से एक था और आधुनिक भारत के निर्माण में महत्वपूर्ण योगदान दिया। यह 20 अगस्त 1828 को कलकत्ता में राजा राम मोहन राय और द्वारकानाथ टैगोर द्वारा उस समय के प्रचलित ब्राह्मणवाद (विशेष रूप से कुलीन) के सुधार के रूप में शुरू किया गया था। और 19वीं सदी के बंगाल पुनर्जागरण की शुरुआत हुई, जिसने 19वीं सदी में हिंदू समुदाय के सभी धार्मिक, सामाजिक और शैक्षिक विकास को आगे बढ़ाया। इसका ट्रस्ट डीड 1830 में इसकी स्थापना को औपचारिक रूप से बनाया गया था और इसका विधिवत और सार्वजनिक रूप से उद्घाटन जनवरी 1830 में प्रार्थना के पहले घर के अभिषेक द्वारा किया गया था, जिसे अब आदि ब्रह्म समाज के रूप में जाना जाता है। ब्रह्मो समाज से भारत और बांग्लादेश में कानूनी रूप से मान्यता प्राप्त धर्मों में सबसे हाल ही में ब्राह्मणवाद का जन्म हुआ, जो यहूदी-इस्लामी विश्वास और अभ्यास के महत्वपूर्ण तत्वों के साथ सुधारित आध्यात्मिक हिंदू धर्म पर अपनी नींव को दर्शाता है।

निम्नलिखित सिद्धांत, जैसा कि हिंदू धर्म के पुनर्जागरण में उल्लेख किया गया है, ब्रह्म समाज की सभी किस्मों और शाखाओं के लिए समान हैं :

- ब्रह्म समाजवादियों ने इस बात से इनकार किया कि कोई भी शास्त्र मानवीय तर्क और विवेक से परे परम अधिकार की स्थिति का आनंद ले सकता है।
- ब्रह्म समाजवादियों को अवतारों (अवतार) में कोई विश्वास नहीं है
- ब्रह्म समाजवादी बहुदेववाद और मूर्ति-पूजा की निंदा करते हैं।
- ब्रह्म समाजी जाति व्यवस्था के खिलाफ हैं।
- ब्रह्म समाजवादियों ने कर्म के सिद्धांत और आत्मा के स्थानांतरण (पुनर्जन्म) पर कोई निश्चित रुख नहीं अपनाया और किसी भी तरह से विश्वास करने के लिए इसे अलग-अलग ब्रह्मोस पर छोड़ दिया।

ब्रह्म समाज के प्रभाग

आदि ब्रह्म समाज और आदि धर्म: आदि धर्म आदि ब्रह्म समाज के धर्म को संदर्भित करता है यह ब्राह्मणवाद का पहला विकास है और इसमें वे साधारण ब्रह्म समाजवादी शामिल हैं जिन्हें हेमेंद्रनाथ टैगोर के उदाहरण पर 1878 के दूसरे विवाद के बाद ब्रह्मवाद में फिर से शामिल किया गया था। यह ब्रिटिश भारत में पहला संगठित जातिविहीन आंदोलन था और बंगाल के अपने दिल से असम, बॉम्बे राज्य (महाराष्ट्र और गुजरात), पंजाब और मद्रास में गूंजता था।हैदराबाद, और बैंगलोर।

सिद्धांत

इसे कभी भी "जाति-विरोधी" आंदोलन के रूप में नहीं माना गया था, लेकिन यह "लोगों के बीच के सभी भेदों" को अस्वीकार करने और कालातीत और निराकार एक ईश्वर के तहत एक आधुनिक शिक्षित धर्मनिरपेक्ष भारतीय राष्ट्र की नींव और आदि-धर्मियों के रूप में इसके अनुयायियों के लिए खड़ा था। प्राचीन निराकार अविभाज्य एक भगवान ब्रह्मा या परमब्रह्म "एक बिना एक" या एकादवैतम) के उपासक। यद्यपि आदि धर्म का सिद्धांत सतही रूप से हिंदू धर्म के अन्य सुधारवादी "संप्रदायों" के समान है, जो "एक ईश्वर के लिए अलग-अलग रास्तों" की बात करते हैं, आदि धर्म की मूल मान्यताएं आदि धर्म और ब्राह्मणवाद को भारत के नौ धर्मों में सबसे कम उम्र के रूप में रखती हैं। "हिंदू धर्म का कैथोलिकवाद और लोच"।

ब्राह्मणवादी हिंदू धर्म से भिन्न मूल आदि-धर्म सिद्धांत में शामिल हैं:

1. केवल एक "सर्वोच्च आत्मा", लेखक और अस्तित्व का संरक्षक है। (... वर्णन से परे, अविनाशी, पारलौकिक, शाश्वत, निराकार, अनंत, शक्तिशाली, दीप्तिमान, प्रेममय, अंधकार में प्रकाश, अस्तित्व के शासन सिद्धांत ... बहुदेववाद की निंदा की जाती है। मूर्तिपूजा यानी छवियों की पूजा का विरोध किया जाता है।)

2. कोई मोक्ष नहीं है और इसे प्राप्त करने का कोई तरीका नहीं है। ("काम जीत जाएगा। पूजात्मक कार्य अस्तित्व का मार्ग है। कार्य शरीर और आत्मा दोनों के लिए है। सभी जीवन उपभोग करने के लिए मौजूद हैं। आत्मा अमर है और इस दुनिया में वापस नहीं आती है। न तो स्वर्ग है और न ही नर्क और न ही पुनर्जन्म है।)

3. कोई शास्त्र, रहस्योद्घाटन, सृजन, नबी, पुजारी या शिक्षक पूजनीय नहीं है। (केवल अस्तित्व की सर्वोच्च आत्मा को सम्मानित किया जा सकता है - वेद, ग्रंथ, बाइबिल या कुरान आदि नहीं। पूजा में "आंतरिक प्रकाश" यानी प्रबुद्ध विवेक का सम्मान करना शामिल है)

4. कोई भेद नहीं है। (सभी पुरुष समान हैं। जाति, नस्ल, पंथ, रंग, लिंग,

राष्ट्रीयता आदि जैसे भेद कृत्रिम हैं। पुजारियों, पूजा स्थलों, लंबे उपदेशों [3] आदि की कोई आवश्यकता नहीं है। "मनुष्य-पूजा" या "भगवान -पुरुष" विश्वास से घृणा करते हैं और निंदा करते हैं क्योंकि मनुष्य और भगवान के बीच कोई मध्यस्थ नहीं है)।

आदि धर्म की उत्पत्ति

आदि धर्म धर्म की शुरुआत राम मोहन राय, देवेंद्रनाथ टैगोर और प्रसन्ना कुमार टैगोर ने की थी।

यह आदि ब्रह्म धर्म आदि धर्म मूल रूप से बंगाल के इन ब्राह्मणों द्वारा प्रतिपादित किया गया था, जिन्हें उस समय की सामाजिक और पुरोहित बुराइयों का विरोध करने के लिए हिंदू धर्म से बहिष्कृत किया गया था (18वीं और 19वीं शताब्दी)। पहले इन सभी बंगाली ब्राह्मणों के मूल पूर्वजों (कन्नौज कान्यकुब्ज स्कूल के 5 महान ब्राह्मण विद्वान बंगाल के राजा को नियुक्त किए गए थे) को 10 वीं / 11 वीं शताब्दी ईस्वी में बंगाल से लौटने के बाद कन्नौज (उत्तर प्रदेश) से बहिष्कृत कर दिया गया था।

गतिशीलता

"गतिशीलता" यानी घर छोड़ना और बाहरी प्रभाव के संपर्क में आने का मतलब ब्राह्मणों के लिए जाति का नुकसान (एक सामाजिक उपकरण जो कि अल्प भूमि जोत और पुरोहितों की आय के संरक्षण के लिए था)।

पुरोहित ब्राह्मण कुलों के मोबाइल विद्वान जैसे कि विदेशी शासकों के संपर्क में (या उनकी सेवा में) - जैसे मुगल या यूरोपीय कंपनियों या भारतीय राजकुमारों को उनके "निश्चित" पुजारी हिंदू कबीले के साथियों (रिश्तेदारों) द्वारा जानबूझकर बहिष्कृत कर दिया गया था। बंगाल के कई मंदिरों और पैतृक अविभाजित संपत्तियों और आय के अपने हिस्से से वंचित कर दिया। परिणामस्वरूप सती (या हिंदू विधवाओं को जिंदा जलाना) जैसी भयानक सामाजिक बुराइयों को मुख्य रूप से निश्चित पुरोहित वर्ग द्वारा प्रोत्साहित किया गया। बंगाल में रूढ़िवादी ("निश्चित") हिंदू समाज के साथ टकराने वाली इन गैर-ब्राह्मण प्रथाओं का विरोध करने के लिए मोबाइल कबीले के सदस्य संघों (सभा) में बंधे।

'राजा' राम मोहन 1833 में समुद्र पार करने वाले पहले भारतीय थे, उसके बाद 1842 में 'राजकुमार' द्वारकानाथ थे। राजा काम से इतने थक गए थे कि वे गंभीर रूप से बीमार हो गए और ब्रिस्टल में उनकी मृत्यु हो गई।

आदि धर्म संस्थापकों को नियमित रूप से पिराली ब्राह्मण के रूप में रूढ़िवादी द्वारा दागी और बदनाम किया गया था और 1807 के सरकारी नियमों द्वारा जगन्नाथ

मंदिर (पुरी) जैसे मंदिरों में प्रवेश करने से आधिकारिक रूप से प्रतिबंधित होने के कारण बदनाम किया गया था। [4] इसके बाद, उनके परिवारों को भी विवाह की व्यवस्था करने में बड़ी कठिनाई का सामना करना पड़ा। उनके कुछ बच्चे जैसे भारत के कवि-पुरस्कार विजेता रवींद्रनाथ टैगोर, जो अपने भाइयों के विपरीत केवल एक पिराली ब्राह्मण दुल्हन का प्रबंधन कर सकते थे, जिन्होंने उच्च जाति की ब्राह्मण दुल्हनों से शादी की थी। हिंदू रूढ़िवादिता के इस परम अपवर्जन हथियार के परिणामस्वरूप आदि-धर्म विवाह प्रथा में अंतर्विवाही (अर्थात जातिवादी) प्रवृत्तियाँ टैगोर परिवार में आदि धर्म की इन 2 शाखाओं के बीच सत्येंद्रनाथ टैगोर को स्थान देती हैं।और रवींद्रनाथ टैगोर और उनके परिवारों को उनके बहिर्विवाही भाइयों के खिलाफ। प्रसिद्ध आदि ब्रह्म इतिहासकार क्षितिंद्रनाथ टैगोर (हेमेंद्रनाथ टैगोर के पुत्र) जिन्होंने आदि धर्म अंग के संपादक के रूप में रवींद्रनाथ टैगोर का स्थान लिया, ने लिखा है कि यह रवींद्रनाथ थे जिन्होंने कई पारिवारिक दस्तावेजों को नष्ट कर दिया था।

आदि ब्रह्म धर्म समयरेखा

आदि ब्रह्मा सभा: नतीजतन, आदि ब्रह्मोस ने 1828/1830 में ब्रह्म सभा के ट्रस्ट डीड द्वारा आदि ब्रह्मा सभा नामक अपना धर्म स्थापित किया और 1848 से प्रकाशित आदि ब्रह्म धर्म के रूप में अपने धर्म को संहिताबद्ध किया। इस ब्रह्म धर्म के संस्थापक राष्ट्रवाद, समानता के लिए अग्रणी सुधारक थे। धर्मनिरपेक्षता और शिक्षा जो अब भारत के संविधान में मौलिक अधिकारों के रूप में प्रतिष्ठापित है। आदि धर्म के इन संस्थापक पिताओं का मानना था कि हिंदू धर्म पूरी तरह से भ्रष्ट और बदनाम हो गया था और वह मजबूत कानून (यानी धर्म) पहले मुसलमानों और फिर अंग्रेजी शासकों ने भारत को इन बुराइयों से मुक्त किया। उस समय के शासकों के साथ उनके जुड़ाव के लिए, उन्हें रूढ़िवादी हिंदू समाज से बहिष्कृत और प्रतिबंधित कर दिया गया था, लेकिन उन्हें "अंग्रेजों द्वारा सम्मान में इतना तौला गया कि वे अपनी युवावस्था के सभी कट्टरवाद को भूल गए।" केवल द्वारकानाथ टैगोर ही 19वीं सदी के बंगाल में दास माई-बाप (महान स्वामी) शासक संस्कृति के उदय पर एक अंग्रेजी मजिस्ट्रेट एबरक्रॉम्बी डिक को सार्वजनिक रूप से लताड़ सकते थे।

इससे पहले 1829 में द्वारकानाथ और प्रसन्ना कुमार ने लैंडहोल्डर्स (ज़मींदार) एसोसिएशन की स्थापना की थी, जिसने अपने रूपों में आधुनिक भारत के विकास में ऐसी भूमिका निभाई। इस जमींदारी सभा की पहली बड़ी सफलता नवंबर 1831 में नादिया में जमींदारों (अंग्रेजों के समर्थन से सामंतवाद की व्यवस्था को कायम रखने

वाले जमींदारों) के एक मुस्लिम जबरन वसूली करने वाले तीतुमिर के खिलाफ ईस्ट इंडिया कंपनी की सेना का आरोप लगा रही थी।

ट्रस्ट डीड सिद्धांत (1830): 1830 ब्रह्म सभा सिद्धांतों के ट्रस्ट डीड द्वारा यह माना गया कि सभी पुरुष समान और बिना भेद के हैं और पूजा के लिए पुजारियों या औपचारिक स्थानों आदि की कोई आवश्यकता नहीं है।

आदि धर्म सिद्धांत (1848/1850): 1848 तक आदि ब्रह्मा धर्म ने देवेंद्रनाथ टैगोर के सिद्धांत को प्रकाशित किया, यह माना गया कि वर्तमान हिंदू धर्म सिद्धांत भ्रष्ट है, लेकिन पूर्व-आर्य काल के मूल वेद (अपेक्षाकृत शुद्ध होने के बावजूद, हालांकि अभी भी गिरने योग्य हैं और शास्त्र पर भरोसा नहीं किया जा सकता है) जैसा कि परिलक्षित होता है 11 द्वारा विवेकपूर्ण ढंग से चुने गए उपनिषद भी एक निराकार ईश्वर की बात करते हैं, जिसे पूजा के लिए किसी मंदिर या पुजारी या मूर्ति की आवश्यकता नहीं है, केवल एक बुद्धिमान दिमाग का एक तर्कसंगत और शुद्ध विवेक है। कि कोई जाति नहीं है- उच्च या निम्न - सभी लोग समान हैं, इस दुनिया में और भगवान के सामने। पुनर्जन्म के सिद्धांत को खारिज कर दिया गया है। भगवान के देहधारी होने के सिद्धांत को भी खारिज कर दिया गया है।

जाति विकलांगता निष्कासन अधिनियम (1850): इस प्रकाशन के परिणामस्वरूप अगस्त 1850 के प्रसिद्ध "जाति विकलांगता अधिनियम को हटाने" का परिणाम हुआ, और ब्रह्मोस अपने स्वयं के धर्म को स्थापित करने और पैतृक संपत्ति से वंचित होने के डर के बिना आपस में शादी करने के लिए स्वतंत्र थे। 23 दिसंबर 1850 को कलकत्ता ब्रह्म समाज की वार्षिक बैठक में, देवेंद्रनाथ ने औपचारिक रूप से ब्रह्म धर्म को नए धर्म के सिद्धांत के रूप में घोषित किया। राममोहन के सिद्धांत में हिंदू धर्म के कुछ पहलुओं को हल करने वाली इस घोषणा ने भी ब्राह्मणवाद को हिंदू धर्म से प्रभावी ढंग से अलग करने का काम किया।

लाला हजारीलाल का शूद्र विवाद (1851): पश्चिम बंगाल के नदिया जिले के कृष्णानगर का ब्राह्मणवाद में हमेशा रो विशेष स्थान रहा है। कई पुराने ब्रह्मो परिवार यहां से आए थे, जिनमें रामतनु लाहिरी भी शामिल थे, जो 1851 में अपने ब्राह्मणवादी जाति के धागे को त्यागने वाले पहले आदि धर्मी थे (देवेंद्र नाथ से पहले जिन्होंने 1862 में उन्हें हटा दिया था)। देवेंद्रनाथ द्वारा इंदौर के लाला हजारीलाल (जन्म से सबसे निचली शूद्र जाति से एक अछूत) को आदि धर्म के पहले प्रचारक के रूप में कृष्णनगर भेजने का इशारा, हालांकि, संस्कृत साहित्य में पारंगत ब्राह्मण उपदेशक के रूप में, बहुत अच्छी तरह से सराहना नहीं की गई और बहुत अपराध किया। नादिया शाही परिवार के लिए।

ईसाई मिशनरियों पर प्रतिबंध लगा (1856): 1856 में, आदि धर्म के अनुयायियों को परिवर्तित करने का प्रयास करने वाले ईसाई प्रचारकों को देवेंद्रनाथ टैगोर द्वारा ब्रह्म परिसर में प्रवेश पर प्रतिबंध लगा दिया गया था।

पंजाब के लिए आदि धर्म मिशन (1861): 1861 में प्रसिद्ध आदि ब्रह्म उपदेशक पंडित नवीन चंद्र राय ("रॉय") पंजाब गए और इस नए विश्वास का प्रसार किया और पूरे पंजाब (पश्चिम और पूर्व) में जालंधर, लायलपुर, लाहौर, अमृतसर आदि में कई आदि ब्रह्मो पूजा घर खोले। बिना किसी भेदभाव के सभी धर्मों और जातियों के लोग नए पंथ में आ गए, और 1870 तक 580 से अधिक पंडित परिवारों का नामांकन किया गया। इसके बाद, पंडित एनसी राय द्वारा लाहौर में ओरिएंटल कॉलेज की स्थापना की गई।

आंध्र और तेलंगाना के लिए आदि धर्म मिशन: 1861 में एक अन्य आदि ब्रह्म उपदेशक अतमुरी लक्ष्मीनरसिम्हम मद्रास प्रेसीडेंसी लौट आए और तेलुगु भाषी क्षेत्रों में काफी समय दिया। बंगाली में आदि समाज के कई प्रकाशनों का तेलुगु भाषा में अनुवाद किया गया और उनके द्वारा मद्रास के प्रिंटिंग प्रेस से प्रकाशित किया गया। 1862 में, वह संपर्क में आया और कंदुकुरी वीरसलिंगम को परिवर्तित कर दिया, जो तेलुगु भाषा के पिता और युग के उल्लेखनीय ब्रह्मो राष्ट्रवादी बनने वाले थे। बाद में दोनों धार्मिक मतभेदों को लेकर अलग हो गए।

ब्रह्म समाज में पहली विद्वता (1866): 1865/1866 में ब्रह्म समाज में जाति भेद को लेकर विवाद हुआ और समाज के कई युवा सदस्य जो ईसाई मिशनरियों से प्रभावित थे, उन्हें हेमेंद्रनाथ टैगोर द्वारा आदि समाज से निष्कासित कर दिया गया था- जिसे बाद में आदि ब्रह्म समाज के नाम से जाना जाता था।

आदि धर्म के चरित्र में परिवर्तन (1867): 1867 से पहले विवाद के बाद, आदि धर्म आंदोलन कट्टर राष्ट्रवादी बन गया। एक हिंदू मेला नियमित रूप से आयोजित किया जाता था जो स्वदेशी आंदोलन और फिर भारतीय राष्ट्रीय कांग्रेस का अग्रदूत बन गया। इस बीच आदि समाज से निष्कासित ईसाई गुटों ने बंगाल के बाहर आदि धर्म मिशनों को दूर करने के लिए एक निरंतर और कड़वा अभियान शुरू किया। दोनों ओर से जमकर दुष्प्रचार किया गया।

ब्रह्मो विवाह (बिल) विवाद (1871): 1871 में निष्कासित समूह ने सरकार से उन्हें और उनके अंतर-धार्मिक विवाहों को मान्यता देने के लिए याचिका दायर की, जिसमें दावा किया गया कि ब्रह्मोस हिंदू नहीं हैं, ईसाई, मुस्लिम, यहूदी या पारसी आदि नहीं हैं। आदि ब्रह्मो समूह ने इसका विरोध करते हुए कहा कि हम पहले ब्रह्मोस हैं, और हिंदू दूसरे और अंत में ब्रह्मोस के बीच विवाह को सक्षम करने और

राज्य द्वारा ब्रह्मो धर्म को मान्यता देने के लिए 1872 के अधिनियम III के रूप में एक समझौता कानून पारित किया गया था।

आदि धर्म के महर्षि और गुरुदेव पंजाब की यात्रा (1872): 1872/1873 में देवेंद्रनाथ टैगोर (महर्षि) और उनके बेटे रवींद्रनाथ टैगोर (गुरुदेव) ने पंजाब का दौरा किया और अमृतसर के स्वर्ण मंदिर में पूजा में काफी समय बिताया। इस मंदिर के पुजारी परिवार से एक प्रसिद्ध सिख सज्जन सरदार दयाल सिंह मजीठिया आदि धर्म में शामिल हो गए और बाद में विश्वास के लिए बहुत पैसा दिया और 1880 में साधरण ब्रह्म समाज के संस्थापक ट्रस्टी भी बने।

पंजाब में आर्य समाज का उदय (1875): इस बीच (1872-1875) पंजाब में कलकत्ता के आदि ब्रह्म समाज में फूट के कारण आर्य समाज नामक आदि ब्राह्मणवाद के एक नए रूप ने जड़ें जमाना शुरू कर दिया। यात्रा के दौरान इसके संस्थापक स्वामी दयानंद राज नारायण बोस, देबेंद्रनाथ टैगोर आदि के साथ निकट और विस्तारित संपर्क में आए। स्वामी दयानंद ने कलकत्ता में रहते हुए, टैगोर की पुस्तक ब्रह्मो धर्म, आदि धर्म के लिए धर्म और नैतिकता के एक व्यापक मैनुअल का बारीकी से अध्ययन किया। इन दोनों समाजों के बीच विवाद की जड़ वेदों के अधिकार को लेकर थी - जिसके अधिकार को आदि धर्म अस्वीकार करता है और हीन कार्य मानता है, जबकि आर्य समाज वेदों को दिव्य रहस्योद्घाटन मानता है। इस मतभेद के बावजूद, हालांकि, ऐसा लगता है कि ब्रह्म समाज और स्वामी दयानंद के सदस्यों ने अच्छी शर्तों पर भाग लिया, पूर्व ने कई पत्रिकाओं में बाद के कलकत्ता की यात्रा की सार्वजनिक रूप से प्रशंसा की और बाद में पूर्व की गतिविधि से प्रेरणा ली। सामाजिक क्षेत्र।

उत्तरी भारत में लाला हरदयाल प्रचारक (1876): देबेंद्रनाथ टैगोर के एक अन्य करीबी सहयोगी, लाला हरदयाल ने स्वेच्छा से मध्य प्रांत और पंजाब में आदि धर्म के कारण को बढ़ावा दिया। वह सरदार दयाल सिंह मजीठिया से जुड़े और जाति या पुजारियों के बिना एक ईश्वर के शुद्ध आदि धर्म संदेश ने इस प्रांत में बहुत जड़ें जमा लीं। कई निम्न जाति के सिख, निम्न जाति के हिंदू ईसाई धर्म में परिवर्तित हो गए आदि आदि ब्रह्म धर्म में शामिल हो गए और अंतत: शिक्षा के बाद अपने-अपने धर्मों में वापस आ गए। यह प्रासंगिक है कि देबेंद्रनाथ कबीर और बाबा गुरु नानक के कार्यों से बहुत प्रभावित थे और हमेशा अपनी किताबें अपने पास रखते थे।

तेलंगाना में आदि धर्म का विकास (1870-1880): 1871 तक कंदुकुरी वीरसलिंगम (तेलुगु राष्ट्र के पिता) ब्राह्मणवाद से काफी प्रभावित थे। मद्रास प्रेसीडेंसी और हैदराबाद के निज़ामते के तेलुगु भाषी प्रांतों की स्वतंत्रता की मांग के लिए उनके

द्वारा गुप्त रूप से एक आंदोलन स्थापित किया गया था। इसके लिए 1878 में आंध्र प्रदेश के प्रार्थना समाज की आड़ में राजमुंदरी में एक गुप्त समाज का गठन किया गया था। उन्होंने तेलुगू भाषी क्षेत्रों में आदि धर्म के लिए सुधार के एक नए चरण की शुरुआत करते हुए तेलंगाना के उच्च वर्गों की अनैतिक (यानी बहुविवाह और बाल विवाह) प्रथाओं का कड़ा विरोध किया।

"उन्होंने स्थानीय प्रशासन में भ्रष्टाचार जैसे मुद्दों के बारे में लिखने के लिए अपनी सक्रिय पत्रकारिता द्वारा राजनीतिक क्षेत्र में योगदान दिया। राष्ट्रपति सरकार ने भारतीय भाषा प्रेस पर कड़ी नजर रखी और कभी-कभी ऐसे आरोपों की जांच के लिए प्रतिक्रिया दी। वीरसलिंगम ने संचालन करके और अधिक सीधे हस्तक्षेप किया। विधवा पुनर्विवाह और स्वैच्छिक संघ के नए रूपों को लोकप्रिय बनाना।"

कंदुकुरी आदि धर्म राष्ट्रवाद और केशब सेन के "संप्रभु के प्रति वफादारी" के सिद्धांत के बीच झूलते रहे, जिसे अंग्रेजों द्वारा 1893 में राव बहादुर की उपाधि से पुरस्कृत किया गया था। लेकिन 1907 तक "संप्रभु के प्रति वफादारी" के केशब सेन के दर्शन से चिपके हुए, वीरसलिंगम ने खुद को इस क्षेत्र में आदि धर्म के नए कट्टर राष्ट्रवादी अनुयायियों की उग्रवादी विचारधारा से अलग-थलग पाया।

प्रांतीय समाजों के गठन का दूसरा चरण (1878): 1862 में और फिर 1864 में कलकत्ता के आदि धर्म के दिग्गजों ने बॉम्बे, मद्रास प्रेसीडेंसी का दौरा किया। उन्होंने हैदराबाद (दक्कन) का भी दौरा किया। परिणामस्वरूप, मुंबई में प्रार्थना समाज सहित कई जाति-विरोधी, एक निराकार ईश्वर आदि-धर्म सहयोगी शुरू किए गए। मद्रास में वेद समाज और अब आंध्र प्रदेश में ब्रह्म समाज।

कई ईसाई सदस्य आदि धर्म में पुन: शामिल हो गए (1878-1880) 1878 में ये निष्कासित नव-ईसाई सदस्य फिर से विभाजित हो गए, लेकिन उनमें से लगभग सभी ने (1880 में साधरण ब्रह्म समाज के एक ट्रस्ट डीड को निष्पादित करके 1830 आदि ट्रस्ट डीड के सिद्धांतों के समान) और महर्षि देवेंद्रनाथ द्वारा ब्राह्मणवाद में पुन: शामिल कर लिया। राज नारायण बोस हिंदुत्व के संस्थापक (यानी ब्राह्मणवाद के पूर्व-आर्यन के आदि धर्म के राष्ट्रवादी धर्म का मतलब है कि सभी भारतीय बिना किसी भेद, क्षेत्रवाद और जाति के हैं) साधरण ब्रह्म समाज के रूप में। आदि विधर्मियों के छोटे से शेष ने एक ईसाई / बहाई नए विश्व धर्म का गठन किया जिसे नवबिधान या नई व्यवस्था कहा जाता हैऔर उन्हें आदि धर्म का हिस्सा नहीं माना जाता है और 1891 में बांग्लादेश में एक और समाज का गठन किया और उन्हें सम्मिलानी (या यूनिवर्सल ब्रह्मो धर्मवादी) कहा जाता है जो आस्तिकों के वार्षिक सम्मेलन का आयोजन करते हैं।

1884 के टैगोर परिवार में त्रासदी: 1884 में देवेन्द्रनाथ के परिवार में दो मृत्यु हुई। उनके तीसरे बेटे हेमेंद्रनाथ की 40 साल की कम उम्र में मौत और अप्रैल में उनकी बहू कादंबरी देवी (उनके पांचवें बेटे ज्योतिरिंद्रनाथ की पत्नी, आदि ब्रह्म समाज के तत्कालीन सचिव) की अस्पष्टीकृत आत्महत्या के महत्वपूर्ण निहितार्थ थे। आदि धर्म।

आदि धर्म के लिए कानूनी जीत (1897-1903): 1897 में उनके निधन के बाद सरदार दयाल सिंह के मामले में पंजाब के उच्च न्यायालय का एक ऐतिहासिक निर्णय, यह पुष्टि करता है कि ब्राह्मणवाद हिंदू धर्म से अलग धर्म है (आदि ब्रह्मोस को छोड़कर - हिंदू धर्म के भीतर रहने वाले आदि धर्म), जबकि एक साथ पुष्टि करते हुए इस तरह के रत्न जैसे ".. सिख हिंदू हैं और हिंदुओं के अलावा कुछ भी नहीं .." और "एक सिख (सरदार दयाल सिंह) जो वास्तव में इसे परिवर्तित किए बिना ब्राह्मणवाद का पालन करता है, वह हिंदू बना रहता है"। 1903 में प्रिवी काउंसिल (रानी भगवान कोएर और अन्य बनाम आचार्य जेसीबी बोस और अन्य) द्वारा इस निर्णय की पुष्टि की जाती है और आज भी "हिंदू कौन है ?" के विवादास्पद प्रश्न पर अग्रणी निर्णय है।

उत्तर भारत में आदि धर्म, पंडित नबीन चंद्र राय: पंजाब प्रांत में आदि धर्म का केंद्र बंगाल के आदि ब्रह्म समाज के दिग्गज पंडित नबीन चंद्र रे थे। उनके प्रभाव में पंजाब ब्रह्म समाज ने राष्ट्रवादी विचारों से प्रेरित पंजाबी के खिलाफ हिंदी भाषा का समर्थन किया। उन्होंने हिंदी को भारत की राष्ट्रीय भाषा के रूप में देखा और चाहते थे कि यह भारतीय राष्ट्रीयता की इमारत का आधार बने। वह ओरिएंटल कॉलेज लाहौर के संस्थापक और इसके प्राचार्य भी थे। वह पहले सहायक थे। पंजाब विश्वविद्यालय के रजिस्ट्रार और इसके एक फेलो। वह लड़कियों के स्कूलों की स्थापना के लिए भारी बाधाओं के खिलाफ लड़ रहे स्त्री शिक्षा सभा के सचिव थे। वह अंजुमणि पंजाब के सबसे सक्रिय सदस्यों में से एक थे, बाद में इसके सचिव बने और इसका नाम बदलकर ज्ञान विस्तारिणी सभा कर दिया।विभिन्न कार्यों का अनुवाद करने के लिए 8 पंडितों को शामिल करना। पंजाब के पिछड़े लोगों के बीच सुधार फैलाने के लिए उन्होंने पंजाबी, उर्दू और हिंदी में विभिन्न समाचार पत्र प्रकाशित किए और अंग्रेजी में अत्यधिक विवादास्पद "विधवा पुनर्विवाह विज्ञापनदाता" प्रकाशित किया। दलित वर्गों के लिए उन्होंने एक रात्रि विद्यालय और चमार सभा शुरू की। उनके दरवाजे सभी असहाय और गरीबों के लिए खुले थे। अपनी सेवा के दौरान एनसीआरएआई के पंजाब छोड़ने के बाद, आदि धर्म में दीक्षा उनके उत्तराधिकारियों द्वारा ब्राह्मण या पंडित के अलावा अन्य जातियों को दी गई - जिनमें से कुछ सिख थे। नतीजतन,

कई सिख भी सिख धर्म के मूलमंत्र यानी जपुजी साहिब पर भरोसा करते हुए बड़ी संख्या में आदि धर्म में शामिल हो गए, जो इक ओंकार सत नाम कर्ता पुरख के रूप में शुरू होता है।के रूप में अनुवादित "केवल एक भगवान है उसका नाम सत्य है वह निर्माता है .."

पंजाब में उकसावे (1900-): 1900 में सरकार ने भूमि अलगाव अधिनियम पारित किया। 1907 में अन्य कर कानूनों को प्रख्यापित किया गया और अंत में 1919 में भारत सरकार अधिनियम में संशोधन किया गया। परिणामस्वरूप, उत्तर भारत की निचली जातियों को भूमि के स्वामित्व से प्रभावी रूप से वंचित कर दिया गया। उसी समय सरकार ने मतदाताओं को सांप्रदायिक आधार पर विभाजित किया, जिसके परिणामस्वरूप हिंदुओं, मुसलमानों और सिखों के बीच तीव्र धुवीकरण हुआ। इसका मुकाबला करने के लिए आदि धर्म के नेतृत्व (कानपुर में अपने 1916 के सम्मेलन में) ने पंजाब के लिए आदि ब्राह्मणवाद को एक अलग धर्म के रूप में प्रचारित करने का संकल्प लिया। 1917 में भारतीय राष्ट्रीय कांग्रेस द्वारा भी इस प्रस्ताव का समर्थन किया गया था, जो उस समय आदि धर्म से निकटता से जुड़ा था।

आदि धर्म का विस्तार बोडो लोगों तक (1906): 1906 में कालीचरण ब्रह्मा नाम के असम के एक अन्य उपदेशक को ब्रह्मवाद में दीक्षित किया गया था। बोडो लोगों के बीच उनके सुधार कार्य ने असम के बाथो धर्मवादियों के बीच बोडो ब्रह्म धर्म की स्थापना की और आदिवासी जनजातीय लोगों के उस धर्म में काफी सुधार किया। उस क्षेत्र में आदि धर्म के अनुयायियों को ब्रह्म के रूप में जाना जाता है।

पंजाब शाखाओं में विवाद (1922-): 1922 के बाद से, वसंत राय और मैंगू राम समूहों के बीच पंजाब के आर्य समाज गुटों में फिर से क्षेत्रीय आदि धर्म आंदोलन को विभाजित कर दिया। दोनों समूहों ने मान्यता के लिए आदि ब्रह्म समाज के लाहौर मुख्यालय से संपर्क किया, जिसे दोनों ने अस्वीकार कर दिया। इसने आर्य समाज, ईसाई मिशनरियों, सिख धर्म आदि सहित सभी पक्षों से प्रतिद्वंद्विता और प्रलोभनों को जन्म दिया, जिससे उत्तरी प्रांतों में काफी भ्रम पैदा हुआ कि यहाँ आदि धर्म का प्रतिनिधित्व कौन करता है। इस समय का प्रमुख विवाद चमार ग्रेड के कई दलित जाति के सिखों को कथित तौर पर जातिविहीन सिख धर्म से संबंधित था14वीं शताब्दी के रविदास की शिक्षाओं को फिर से खोजा (उनके द्वारा गुरु ग्रंथ साहिब में शामिल होने का दावा किया गया) और भगवान कोएर के मामले में कानूनी निर्णय और पिराली मिसाल के बाद पंजाब की 1921 और 1931 की जनगणना में खुद को आदि-धर्मी के रूप में पंजीकृत कराया। पंजाब में एक वर्ग की इस कार्रवाई ने एक बार फिर पिराली को पुनर्जीवित कर दियाकलकत्ता में गूंज उठा विवाद आदि धर्म

और ब्रह्म समाज के सभी वर्गों द्वारा ठोस कार्रवाई और प्रतिनिधित्व ने यह सुनिश्चित किया कि 1931 के बाद भारत में आगे कोई जाति आधारित जनगणना नहीं हुई। इसके बाद कांग्रेस पार्टी ने 7 सितंबर 1936 को एमके गांधी के साथ फिर से जातिवाद को पुनर्जीवित किया ".. सिख धर्म हिंदू धर्म का हिस्सा है और अगर सिख बनना धर्मांतरण है तो हरिजनों की ओर से इस तरह का धर्मांतरण खतरनाक है"।

पंजाब के आदि धर्म नेता :

लाला काशी रामजी - एक व्यापक रूप से सम्मानित व्यक्ति जिन्होंने पूरे उत्तर भारत में समाज का संदेश फैलाया।

प्रो रुचि राम साहनी - लाहौर समाज के सचिव और दयाल सिंह एजुकेशनल ट्रस्ट के सचिव।

बाबू अबिनाश चंद्र मजूमदार - पंजाब और शिमला में कई टीबी सैनिटोरिया स्थापित करें।

भाई प्रकाश देवजी - देव समाज छोड़कर आदि धर्म में शामिल हो गए। आदि धर्म के कई अनुयायियों को आकर्षित करने में सहायक। 1903 से 1908 तक ब्रह्म प्रचारक के संपादक भी रहे।

भाई सीतारामजी - सियालकोट से पंजाब समाज के स्तंभ। विभाजन के बाद दिल्ली में ब्रह्म समाज में बस गए।

लाला बसंत लालजी - रूढ़िवादी पंजाबी कायस्थ परिवार से इंग्लैंड से लौटने पर आदि धर्म (ब्रह्मो समाज) में परिवर्तित हो गए। आयकर आयुक्त दिल्ली बनें और दिल्ली ब्रह्म समाज के स्तंभ बनें। उनके बड़े बेटे एयर चीफ मार्शल प्रताप चंद्र लाल (चीफ ऑफ एयर स्टाफ - इंडिया) थे।

विवाह वैधता विवाद (1938-) : आर्य समाज विवाहों की वैधता को लेकर इस समय एक काफी विवाद भी छिड़ गया। शुद्धिकरण या शुद्धिकरण के बाद निम्न-जाति के ईसाई धर्म में परिवर्तित होने के बाद, रूढ़िवादी हिंदू समाज इन पुनर्धर्मी को स्वीकार करने या उनके साथ शादी करने के लिए तैयार नहीं था। बहुत अमीर परिवारों या जमींदारों से अक्सर ऐसे धर्मान्तरित लोगों की कुछ मौतों के साथ, संपत्ति विवाद न्यायालयों तक पहुंचने लगे और मौजूदा कानून अपर्याप्त साबित हुए। आर्यसमाजियों के लिए विवाह कानून को लगभग 25 वर्षों के लिए टाल दिया गया था। सौभाग्य से, कृष्णा हुथीसिंग (जवाहरलाल नेहरू की एक बहन) एक राजकुमार से शादी करना चाहता था - धर्म से एक जैन। विभिन्न जातियों के पक्षों के बीच इस तरह के विवाह को हालांकि कानून में अनुमति दी गई थी (1923 में ब्रह्म कानून में और संशोधन करके) परिवार और समुदाय से अलग होने का मतलब था। उन्होंने

1872 के आदि ब्रह्म कानून के तहत शादी करने की व्यवस्था की और झूठी घोषणाएं दीं (जैसा कि बीके नेहरू के मामले में भी किया गया था)। जब ये तथ्य सामने आए, तो आदि ब्रह्मो ने अपने अधिनियम के दुरुपयोग पर तीखी आपत्ति जताई और प्रतिबंध देखने लगे।

1938 में जवाहरलाल नेहरू की बेटी इंदिरा ने अपने प्रिय फिरोज से शादी करने पर जोर दिया। एक बार फिर विभिन्न धर्मो के होने के कारण आदि धर्म कानून को छोड़कर उस समय के किसी भी कानून के तहत उनका कानूनी रूप से विवाह नहीं हो सका। शांतिनिकेतन, दिल्ली और इलाहाबाद में ब्रह्म समाज के बुजुर्गों (रवींद्रनाथ टैगोर सहित) से परामर्श किया गया (एमके गांधी सहित) और जिन्होंने काफी असहमति के बाद सलाह दी कि परिवर्तित निम्न जाति आर्य समाजियों के लिए लंबे समय से लंबित विवाह वैधता कानून अधिनियमित किया जाए, जो था 1939 में एक बाध्य ब्रिटिश सरकार द्वारा शीघ्रता से किया गया, प्रेम जोड़े को 1942 की शुरुआत में गुप्त पूर्व-वैदिक आदि धर्म द्वारा विवाह योग्य बनाया गया, इलाहाबाद में आदि धर्म के बुजुर्गों द्वारा सरोजिनी नायडू जैसे ब्रह्मोस की उपस्थिति में नेहरू के पुजारी को पढ़ाए गए ब्राह्मण संस्कार में सुधार किया गया।दूल्हे के साथ गुप्त रूप से एक पवित्र ब्राह्मी धागा पहने हुए। तब से, गांधी-नेहरू परिवार द्वारा इन आदि धर्म संस्कारों का उपयोग उनके विवाह के लिए किया गया है - जैसे राजीव गांधी से सोनिया गांधी, संजय गांधी से मेनका गांधी, प्रियंका गांधी से रॉबर्ट वाड्रा आदि। 1955 में हिंदू संहिता के पारित होने के बावजूद आदि धर्म के वैदिक कानून को कभी भी निरस्त नहीं किया गया, जिसने अन्य धर्मो के लिए ऐसे सभी समान विवाह वैधता कानूनों को निरस्त कर दिया।

स्वतंत्रता के बाद के घटनाक्रम (1947-): 1947 में भारत के विभाजन के बाद, इस क्षेत्र के लिए आदि ब्रह्मो धर्म मुख्यालय लाहौर से नई दिल्ली में स्थानांतरित हो गया, बाबू राज चंद्र चौधरी (जिन्होंने बाबू एनसी राय की बेटी से शादी की) परिवार के आदि ब्रह्मो ब्राह्मण वंशज यहां बस गए।

अम्बेडकर और आदि धर्म (1949-): 1949-1950 में बीआर अम्बेडकर ने अपने अनुयायियों को आदि धर्म में लीन करने के लिए दिल्ली में आदि धर्म के नेताओं से संपर्क किया। संविधान सभा में ब्रह्मो सदस्यों के साथ कड़वी बहस और हिंदू वैधता विवाह वैधता अधिनियम 1949 पर, उन्हें आदि धर्म सिद्धांतों के भीतर समायोजित नहीं किया जा सका। यह मुख्य रूप से मनु की निंदा करने के उनके आग्रह के कारण था - आदि धर्म के संस्थापक पिता द्वारा एक महान कानून दाता के रूप में विरोधाभासी रूप से सम्मानित। इसके बाद लगभग 1955 में अम्बेडकर और उनके अनुयायियों ने बौद्ध धर्म में शामिल होने का विकल्प चुना।

ब्रह्मो (आदि धर्म) धर्म की कानूनी स्थिति

1901 में (भगवान कोएर और अन्य बनाम जेसीबी बोस और अन्य, 31 कैल 11, 30 ईएलआर आईए 249) प्रिवी काउंसिल (ब्रिटेन का सर्वोच्च न्यायिक प्राधिकरण) पंजाब के उच्च न्यायालय के इस निष्कर्ष का समर्थन करता है कि ब्रह्मो धर्मवादियों का विशाल बहुमत हिंदू नहीं है। और सिखों के विपरीत उनका अपना धर्म है ("जो हिंदू हैं और हिंदुओं के अलावा कुछ नहीं")। देवेंद्रनाथ टैगोर को ब्रह्म धर्म का संस्थापक माना जाता था। न्यायालय ने ब्रह्मो "धर्मवादियों" को ब्रह्म समाज के "अनुयायियों" से अलग किया जो अपने हिंदू धर्म को बनाए रखना जारी रखते हैं।

1916 में भारतीय सिविल सेवा नृवंशविज्ञान प्रशासन सर्वेक्षक आर.वी. रसेल ने विस्तार से जांच की और प्रकाशित किया कि ब्रह्म समाज वास्तव में एक धर्म है (और इसे "संप्रदायों" से अलग करता है)।

1949 में भारत सरकार ने "हिंदू विवाह वैधता अधिनियम" पारित किया। संसद में चर्चा के बावजूद ब्रह्मोस को इस कानून के दायरे में नहीं लाया गया है।

1955 में भारत सरकार ने "हिंदू कोड" (हिंदुओं के लिए कानूनों का एक व्यापक सेट) पारित किया। फिर से संसद में चर्चा के बावजूद, ब्रह्मो धर्मवादियों को इन कानूनों के दायरे में नहीं लाया जाता है, जो अब उन हिंदुओं पर लागू हो जाते हैं जो ब्रह्म समाज के अनुयायी भी हैं।

2002 में, बांग्लादेश ने ब्रह्मो धर्मवादियों और हिंदुओं, जैनियों, सिखों और बौद्धों के ब्रह्मो विवाह को मान्यता देते हुए एक कानून बनाया।

5 मई 2004 को भारत के सर्वोच्च न्यायालय ने मुख्य न्यायाधीश के आदेश से ब्रह्मोस को हिंदुओं के रूप में वर्गीकृत करने के लिए पश्चिम बंगाल सरकार की 30 साल की याचिका को खारिज कर दिया। इस मामले की सुनवाई पहले कोर्ट की 11 जजों की संविधान पीठ (कोर्ट के इतिहास में दूसरी सबसे बड़ी बेंच) ने की थी।

आदि धर्म का भविष्य: ब्रह्मो धर्म का आदि धर्म आंदोलन आज आठ मिलियन से अधिक अनुयायियों के साथ ब्रह्मो के विकास में सबसे बड़ा है। [उद्धरण वांछित] आदि धर्म ने न केवल भारतीय राष्ट्रीय कांग्रेस पार्टी बल्कि उनके विरोध के हिंदुत्व के एजेंडे को भी जन्म दिया है। भारत की राजनीति में इसके क्रांतिकारी योगदान को भारत के राष्ट्रपति द्वारा सारांशित किया गया था,

"यह विडंबना है कि भारत को जाति और पूर्वाग्रह से मुक्त करने के लिए बंगाल की उच्चतम जाति के दो बार पैदा हुए ब्राह्मणों के एक छोटे से समर्पित समूह ने एक राष्ट्रीय संविधान का निर्माण किया है जो हिंदू धर्म में विभाजनकारी हिंसक जातिवाद

को कायम रखता है, जो सामाजिक ताने-बाने को फाड़ देता है। भारत विशेष रूप से शिक्षा के क्षेत्र में अलग है।”

साधारण ब्रह्म समाज

साधारण ब्राह्म समाज क्रमश: 1866 और 1878 में ब्रह्म समाज में विद्वानों के मतभेद के परिणामस्वरूप गठित ब्रह्मवाद का एक विभाजन है।

15 मई, 1878 को कलकत्ता के टाउन हॉल में आयोजित एक सार्वजनिक ब्राह्म बैठक (बंगाली कैलेंडर का दूसरा ज्येष्ठ 1284) में साधारण ब्राह्म समाज का गठन किया गया था। बैठक में महर्षि देवेंद्रनाथ ठाकुर के एक पत्र ने नए समाज की सफलता के लिए आशीर्वाद दिया और प्रार्थना की। अपनी नींव के समय साधरण ब्रह्म समाज का नेतृत्व ब्राह्म समाज में सार्वभौमिक रूप से सम्मानित तीन पुरुषों ने किया था। वे थे आनंद मोहन बोस, शिवनाथ शास्त्री और उमेश चंद्र दत्ता। उन तीनों में से आनंद मोहन बोस उस समय 31 वर्ष से अधिक के सबसे कम उम्र के थे, फिर भी उन्हें मामलों के प्रमुख के पद पर रखा गया।

1898 में दक्षिण भारत के भी कई हिस्सों तक इसका प्रभाव पहुँच गया।

- साधरण ब्रह्मो समाज = एक ईश्वर के उपासकों का सामान्य समुदाय।
- आंदोलन को मूल रूप से ब्रह्म सभा (या ब्रह्मण की सभा) के रूप में जाना जाता था।
- द्वारकानाथ टैगोर द्वारा व्यवस्थित चितपोर (जोरासांको) में एक नया परिसर।
- महर्षि देवेंद्र द्वारा 1843 में अपील ब्राह्मो समाज (या ब्राह्मण समुदाय) की शुरुआत की गई थी। नाथ। कलकत्ता ब्रह्म समाज के लिए ठाकुर। 1866 के प्रथम ब्रह्मोवाद ने ब्रह्मवाद की 2 आधुनिक शाखाओं का प्रतिपादन किया। “आदि ब्राह्मो समाज” और “साधरण ब्रह्म समाज” (पहले भारत का तत्कालीन ब्रह्म समाज)।

अनुस्थेनिक बनाम अनुस्थेनिक ब्रह्मोस:

अनुस्थेनिक ब्रह्मोस में आदि ब्रह्मोस, आदि धर्मी और कई साधरण ब्रह्मोस शामिल हैं। अनुस्थानिक ब्रह्मोस विशेष रूप से ब्रह्म धर्म के अनुयायी हैं और उनकी कोई अन्य आस्था नहीं है।

‘आत्मा’ की अवधारणा ऐसे ब्रह्मोस के लिए अभिशाप है, जिसे 1861 के अनुष्ठान से खारिज कर दिया गया है और इसे “बीइंग” (जीवन) कहा जाता है। प्रत्येक “अमर” होने के नाते भगवान का एक हिस्सा है जिसे एक मिशन (’क्रिया’) के लिए भेजा जाता है, जिसके पूरा होने पर यह “ईश्वर” के साथ पुन: एकीकृत होता

है। अनुस्थेनिक ब्रह्मोस के लिए इस जीवन पर मृत्यु के बाद अगला कदम 'भगवान' के साथ पुन: एकीकरण और नवीनीकरण है।

दूसरी ओर अनास्थानिक ब्रह्मोस (अर्थात गैर-अनुष्ठानिक ब्रह्मोस) की "अमर" आत्माओं की एक अलग अवधारणा है जो अपने कार्यों के लिए ईश्वर की ओर सदा प्रगतिशील है। इसका तात्पर्य एक कर्मिक और भाग्यवादी विश्वास है जो क्रियात्मक ब्रह्मवाद से भिन्न है।

इतिहास

ब्रह्म सभा : 20 अगस्त 1828 को ब्रह्म सभा (ब्रह्म समाज के पूर्वज) की पहली सभा फ़िरंगी कमल बोस के उत्तरी कलकत्ता के घर में आयोजित की गई थी। इस दिन को ब्रह्मोस द्वारा भद्रोत्सब के रूप में मनाया जाता था। ये बैठकें सभी ब्राह्मणों के लिए खुली थीं और कोई औपचारिक संगठन या धर्मशास्त्र नहीं था।

8 जनवरी 1830 को निकट से संबंधित कुलीन ब्राह्मण वंश के प्रभावशाली प्रगतिशील सदस्यों को तिरस्कारपूर्वक पिराली ब्राह्मण अर्थात के रूप में वर्णित किया गया। टैगोर (ठाकुर) के बंगाल के मुगल निजामत में सेवा के लिए बहिष्कृत) और रॉय जमींदार परिवार ने चितपुर रोड (अब रवींद्र सरानी), कोलकाता, भारत पर पहले आदि ब्रह्म समाज (पूजा स्थल) के लिए ब्रह्म सभा के ट्रस्ट डीड को पारस्परिक रूप से निष्पादित किया। राम चंद्र विद्याबागीश के साथ पहले निवासी अधीक्षक के रूप में।

23 जनवरी 1830 या 11 माघ को, आदि ब्रह्मो परिसर का सार्वजनिक रूप से उद्घाटन किया गया (लगभग 500 ब्राह्मण और 1 अंग्रेज उपस्थित थे)। इस दिन को ब्रह्मोस द्वारा मघोत्सब (मघोत्सव "माघ उत्सव") के रूप में मनाया जाता है।

नवंबर 1830 में राममोहन राय इंग्लैंड के लिए रवाना हुए। अकबर द्वितीय ने राममोहन राय को 'राजा' की उपाधि प्रदान की थी।

ब्रह्म सभा का संक्षिप्त ग्रहण

1833 में ब्रिस्टल (यूके) के पास राममोहन की मृत्यु के समय, सभा में उपस्थिति कम हो गई और तेलुगु ब्राह्मणों ने मूर्तिपूजा को पुनर्जीवित किया। जमींदारों के पास व्यवसाय में व्यस्त होने के कारण सभा के मामलों के लिए बहुत कम समय था, और सभा की लौ लगभग बुझ गई थी।

तत्त्वबोधिनी काल

6 अक्टूबर 1839 को द्वारकानाथ टैगोर के पुत्र देवेंद्रनाथ टैगोर ने तत्त्वरंजिनी सभा की स्थापना की, जिसके तुरंत बाद तत्त्वबोधिनी ("सत्य-साधक") सभा का

नाम बदल दिया गया। शुरुआत में टैगोर परिवार के तत्काल सदस्यों तक ही सीमित था, दो वर्षों में इसके 500 से अधिक सदस्य हो गए। 1840 में, देवेन्द्रनाथ ने कथा उपनिषद का बांग्ला अनुवाद प्रकाशित किया। एक आधुनिक शोधकर्ता सभा के दर्शन को आधुनिक मध्यम वर्ग (बुर्जुआ) वेदांत के रूप में वर्णित करता है। इसके पहले सदस्यों में "हिंदू सुधार और बंगाल पुनर्जागरण के दो दिग्गज", अक्षय कुमार दत्ता थे, जो 1839 में एक "अज्ञात विदूप व्यक्ति" के जीवन से उभरे थे, औरईश्वर चंद्र विद्यासागर, "स्वदेशी आधुनिकीकरणकर्ता"।

पहली वाचा और तत्त्वबोधिनी सभा के साथ विलय

1843 को देवेंद्रनाथ टैगोर और बीस अन्य तत्त्वबोधिनी दिग्गजों को औपचारिक रूप से पं। विद्याबागीश ब्रह्म सभा के न्यास में। शांतिनिकेतन में पुस मेला इसी दिन शुरू होता है। इस दिन से, तत्त्वबोधिनी सभा ने राम मोहन राय के पंथ को बढ़ावा देने के लिए खुद को समर्पित कर दिया। ब्राह्मणवाद की पहली वाचा की शपथ लेने वाले अन्य ब्राह्मण हैं: -

- श्रीधर भट्टाचार्य
- श्यामाचरण भट्टाचार्य
- ब्रजेंद्रनाथ टैगोर
- गिरिंद्रनाथ टैगोर, देवेंद्रनाथ टैगोर के भाई और गणेंद्रनाथ टैगोर के पिता
- आनंदचंद्र भट्टाचार्य
- तारकनाथ भट्टाचार्य
- हरदेव चट्टोपाध्याय, महाआचार्य हेमेंद्रनाथ टैगोर के भावी ससुर [21]
- श्यामाचरण मुखोपाध्याय
- रामनारायण चट्टोपाध्याय
- शशिभूषण मुखोपाध्याय

ब्रह्म समाज की नींव

1861 में ब्रह्म समाज (जैसा कि उस समय लिखा गया था) की स्थापना लाहौर में नोबिन रॉय ने की थी। इसमें लाहौर बार एसोसिएशन के कई बंगाली शामिल थे। पंजाब में क्वेटा, रावलपिंडी, अमृतसर आदि में कई शाखाएँ खोली गईं।

पहला सत्र

तत्त्वबोधिनी के साथ असहमति सार्वजनिक रूप से 1 अगस्त 1865 से नवंबर 1866 की अवधि के बीच सार्वजनिक रूप से सामने आई, जिसमें कई छोटे-छोटे टुकड़े समूह खुद को ब्रह्मो के रूप में स्टाइल कर रहे थे। इन समूहों में सबसे

उल्लेखनीय ने खुद को "भारत का ब्रह्म समाज" कहा। इस अवधि को अलगाववादियों के इतिहास में "प्रथम विवाद" के रूप में भी जाना जाता है।

ब्रह्म समाज और स्वामी नरेंद्रनाथ विवेकानंद

स्वामी विवेकानंद भारत के ब्रह्म समाज से प्रभावित थे, और अपनी युवावस्था में उन्होंने साधरण ब्रह्म समाज का दौरा किया।

वर्तमान स्थिति और अनुयायियों की संख्या

जबकि विभिन्न कलकत्ता प्रायोजित आंदोलनों में 1920 के बाद गिरावट आई और भारत के विभाजन के बाद अस्पष्टता में फीका पड़ गया, आदि धर्म पंथ का विस्तार हुआ है और अब यह 7.83 मिलियन अनुयायियों के साथ भारत के प्रगणित धर्मों में 9वां सबसे बड़ा है, जो पंजाब और उत्तर प्रदेश राज्यों के बीच अत्यधिक केंद्रित है। 2001 की भारतीय जनगणना में केवल 177 व्यक्तियों ने खुद को "ब्रह्मो" घोषित किया, लेकिन ब्रह्म समाज के सदस्य सदस्यों की संख्या लगभग 20,000 सदस्यों से कुछ अधिक है।

सामाजिक और धार्मिक सुधार

सामाजिक सुधार के मामलों में ब्रह्म समाज ने कई हठधर्मिता और अंधविश्वासों पर हमला किया। इसने विदेश जाने के खिलाफ प्रचलित हिंदू पूर्वाग्रह (काला पानी) की निंदा की। समाज ने सती प्रथा (विधवाओं को जलाने) की निंदा की, बाल विवाह और बहुविवाह को हतोत्साहित किया और विधवा पुनर्विवाह के लिए धर्मयुद्ध किया। समाज ने जातिवाद और अस्पृश्यता पर प्रहार किया, हालांकि इन मामलों में उसे सीमित सफलता ही मिली। हालांकि ब्रह्म समाज का प्रभाव कलकत्ता से ज्यादा नहीं था, ज्यादा से ज्यादा बंगाल। इसका स्थायी प्रभाव नहीं पड़ा।

केशुब चंदर सेन की बेटी की कम उम्र में शादी के विवाद के बाद, लड़कियों की शादी के लिए न्यूनतम आयु 14 वर्ष निर्धारित करने के लिए 1872 का विशेष विवाह अधिनियम बनाया गया था। इसके बाद सभी ब्रह्मो विवाह इस कानून के तहत संपन्न हुए। बहुत से भारतीयों ने इस अधिनियम के तहत विवाह की पुष्टि करने के लिए "मैं हिंदू नहीं हूं, न ही मुसलमान, न ही ईसाई" की पुष्टि की आवश्यकता का विरोध किया। इस घोषणा की आवश्यकता ब्रिटेन द्वारा नियुक्त गवर्नर जनरल की परिषद के कानूनी सदस्य हेनरी जेम्स सुमनेर मेन द्वारा लगाई गई थी। 1872 के अधिनियम को विशेष विवाह अधिनियम, 1954 द्वारा निरस्त कर दिया गया था जिसके तहत किसी भी धर्म का कोई भी व्यक्ति विवाह कर सकता था। हिंदू विवाह अधिनियम, 1955 सभी हिंदुओं (ब्रह्म समाज के "अनुयायियों" सहित) पर लागू होता है, लेकिन ब्रह्मो धर्म के अनुयायियों पर नहीं।

ब्रह्म कब ब्रह्म समाजी नहीं है?

ब्रह्मवाद का एक पहलू यह मान्यता है कि न केवल स्पष्ट विश्वास और पूजा एक ब्रह्म के लिए बनाती है, बल्कि वंशावली भी है, जो निहित है। एक भी ब्रह्म माता-पिता या ब्रह्म अभिभावक वाले लोगों को ब्रह्मोस के रूप में माना जाता है जब तक कि वे ब्रह्म धर्म को पूरी तरह से त्याग नहीं देते। यह अक्सर समाज के भीतर तनाव का कारण बनता है, उदाहरण के लिए, जब एक ब्रह्मो की संतान साम्यवाद या नास्तिकता या किसी अन्य धार्मिक विश्वास का पालन करती है, बिना औपचारिक रूप से ब्रह्मवाद को त्यागे। ऐसे लोगों को तह में बनाए रखने पर ब्रह्मवाद की आस्तिक और आस्तिक धाराओं के बीच अलग-अलग विचार हैं। इसके अतिरिक्त, एक ब्रह्मो जो ब्रह्म समाज की सदस्यता नहीं लेने का विकल्प चुनता है, वह ब्रह्म रहता है, लेकिन ब्रह्म समाजी नहीं रह जाता है।

बंगाल पुनर्जागरण

बंगाल पुनर्जागरण (बांग्ला नवजागरण), जिसे बंगाली पुनर्जागरण के रूप में भी जाना जाता है, एक सांस्कृतिक, सामाजिक, बौद्धिक और कलात्मक आंदोलन था, जो 18वीं शताब्दी के अंत से ब्रिटिश राज के बंगाल क्षेत्र में हुआ था। 20 वीं सदी के प्रारंभ में। इतिहासकारों ने आंदोलन की शुरुआत को 1757 में प्लासी की लड़ाई में ब्रिटिश ईस्ट इंडिया कंपनी की जीत के साथ-साथ सुधारक राजा राममोहन रॉय के कार्यो का पता लगाया है, जिन्हें "बंगाल पुनर्जागरण का जनक" माना जाता है। 1772, नीतीश सेनगुप्ता ने कहा कि आंदोलन "कहा जा सकता है ... रवींद्रनाथ टैगोर के साथ समाप्त हुआ," एशिया का पहला नोबेल पुरस्कार विजेता।

लगभग दो शताब्दियों के लिए, बंगाल पुनर्जागरण ने भारतीय समाज के आमूल परिवर्तन को देखा, और इसके विचारों को इस अवधि के दौरान भारतीय उपनिवेशवाद विरोधी और राष्ट्रवादी विचार और गतिविधि के उदय के लिए जिम्मेदार ठहराया गया है। आंदोलन का दार्शनिक आधार उदारवाद और आधुनिकता का अनूठा संस्करण था। सुमित सरकार के अनुसार, इस अवधि के अग्रदूतों और कार्यो को 19वीं और 20वीं शताब्दी के दौरान पुरानी यादों के साथ सम्मानित और माना जाता था, हालांकि, इसके उपनिवेशवादी मूल पर एक नए फोकस के कारण, 1970 के दशक में एक अधिक आलोचनात्मक दृष्टिकोण उभरा।

बंगाली पुनर्जागरण का नेतृत्व मुख्य रूप से बंगाली हिंदुओं ने किया था। [प्रसिद्ध हस्तियों में समाज सुधारक राजा राममोहन रॉय, लेखक रवींद्रनाथ टैगोर और भौतिक विज्ञानी सत्येंद्र नाथ बोस शामिल हैं। आंदोलन में मुख्य मुस्लिम हस्तियों में सुहरावर्दी

परिवार के सदस्य, कवि और संगीतकार काजी नजरूल इस्लाम और लेखक रोकैया सखावत हुसैन शामिल हैं।

पार्श्वभूमि

बंगाल पुनर्जागरण एक आंदोलन था जो कला, साहित्य, संगीत, दर्शन, धर्म, विज्ञान और बौद्धिक जांच के अन्य क्षेत्रों में एक सामाजिक-राजनीतिक जागृति की विशेषता थी। इस आंदोलन ने भारतीय समाज में मौजूदा रीति-रिवाजों और रीति-रिवाजों पर सवाल उठाया - विशेष रूप से, जाति व्यवस्था, दहेज प्रथा और सती प्रथा - साथ ही साथ धर्म और औपनिवेशिक शासन की भूमिका। बदले में, बंगाल पुनर्जागरण ने सामाजिक सुधार की वकालत की - वह प्रकार जो धर्मनिरपेक्षतावादी, मानवतावादी और आधुनिकतावादी आदर्शों का पालन करता था। रवींद्रनाथ टैगोर से लेकर सत्येंद्र नाथ बोस तकइस आंदोलन में महत्वपूर्ण हस्तियों का उदय हुआ, जिनका योगदान आज भी सांस्कृतिक और बौद्धिक कार्यों को प्रभावित करता है।

हालांकि बंगाल पुनर्जागरण का नेतृत्व और उच्च जाति के हिंदुओं का वर्चस्व था, बंगाली मुसलमानों ने आंदोलन में एक परिवर्तनकारी भूमिका निभाई, साथ ही साथ औपनिवेशिक और उत्तर-औपनिवेशिक भारतीय समाज को आकार दिया। बंगाली मुस्लिम पुनर्जागरण पुरुषों और महिलाओं के उदाहरणों में काज़ी नज़रुल इस्लाम, उबैदुल्लाह अल उबैदी सुहरावर्दी, रोकैया सखावत हुसैन और साक डीन मोहम्मद शामिल हैं। कुछ मुस्लिम हस्तियों ने भारतीय उपमहाद्वीप में विभिन्न राष्ट्रीय पहचानों के विकास को महत्वपूर्ण रूप से प्रभावित किया, और विशेष रूप से, विभाजन के बाद और स्वतंत्रता के बाद, बांग्लादेश। जब सांस्कृतिक और धार्मिक सुधार की बात आई, तो1926 में बंगाली मुस्लिम समाज में सामाजिक रीति-रिवाजों और हठधर्मिता को चुनौती देने के लिए स्वतंत्रता आंदोलन की स्थापना की गई थी।

अठारहवीं शताब्दी के मध्य से, बंगाल प्रांत, और अधिक विशेष रूप से, इसकी राजधानी कलकत्ता, भारत में ब्रिटिश सत्ता का केंद्र था। 1911 में राजधानी दिल्ली में स्थानांतरित होने तक यह क्षेत्र ब्रिटिश साम्राज्यवादी शासन का आधार था। क्राउन नियंत्रण से पहले, ब्रिटिश सत्ता ईस्ट इंडिया कंपनी के हाथों में थी, जो समय के साथ तेजी से लाभदायक और प्रभावशाली बन गई। राजनीतिक रूप से, स्थानीय शासकों के साथ राजनयिक संबंध स्थापित करना और साथ ही अपने हितों की रक्षा के लिए सेनाओं का निर्माण करना।

इस समय के दौरान, आंशिक रूप से बंगाल के नवाब और उनके फ्रांसीसी सहयोगियों के खिलाफ प्लासी की 1757 की लड़ाई के माध्यम से, और कुछ हद

तक मुगल साम्राज्य के पतन के माध्यम से, कंपनी बंगाल और गंगा बेसिन में व्यापक क्षेत्र का अधिग्रहण करने में सक्षम थी। हालांकि, इन युद्धों की कीमत ने कंपनी की वित्तीय स्थिति को खतरे में डाल दिया, और 1773 में, ईआईसी को स्थिर करने के साथ-साथ इसे कुछ संसदीय नियंत्रण के अधीन करने के लिए विनियमन अधिनियम पारित किया गया था। अगले कई दशकों में और कानून ने कंपनी पर उत्तरोत्तर सख्त नियंत्रण लाया, लेकिन 1857 के भारतीय विद्रोह ने ब्रिटिश संसद को भारत सरकार अधिनियम 1858 पारित करने के लिए मजबूर किया। जिसने ईआईसी के परिसमापन और ब्रिटिश क्राउन को सत्ता के हस्तांतरण को देखा।

मूल

बंगाली पुनर्जागरण ब्रिटिश भारतीय साम्राज्य के बंगाल प्रेसीडेंसी में उत्पन्न हुआ, लेकिन अधिक विशेष रूप से, इसकी राजधानी कोलकाता, जिसे तब कलकत्ता के नाम से जाना जाता था। यह औपनिवेशिक महानगर पहला गैर-पश्चिमी शहर था जिसने अपनी स्कूल प्रणाली में शिक्षण के ब्रिटिश तरीकों का इस्तेमाल किया। 1817 में, राजा राम मोहन राय के नेतृत्व में शहरी अभिजात वर्ग ने कोलकाता में हिंदू या प्रेसीडेंसी कॉलेज की स्थापना की, जिसे अब प्रेसीडेंसी विश्वविद्यालय के रूप में जाना जाता है, जो उस समय एशिया में उच्च शिक्षा का एकमात्र यूरोपीय शैली का संस्थान था। यह शहर एक सार्वजनिक पुस्तकालय, इम्पीरियल लाइब्रेरी, जो अब भारत का राष्ट्रीय पुस्तकालय है, का भी घर था, और समाचार पत्र और पुस्तकें बंगाली और अंग्रेजी दोनों में नियमित रूप से प्रकाशित हो रही थीं। "18वीं शताब्दी के बाद से औपनिवेशिक बंगाल में विचारों और पहचान को आकार देने में प्रिंट भाषा और साहित्य ने महत्वपूर्ण भूमिका निभाई," अनिंदिता घोष लिखती हैं, "... व्यापक साहित्यिक प्राथमिकताओं ने बंगाली मध्य वर्गों के विभिन्न वर्गों को अपनी विशिष्ट चिंताओं को आवाज देने के लिए जगह दी।"

1757 में प्लासी की लड़ाई में बंगाल के नवाब को उखाड़ फेंकने तक बंगाल प्रांत ब्रिटिश ईस्ट इंडिया कंपनी के शासन का आधार था, जिसने भारत में क्राउन की शक्ति को मजबूत किया। कई उत्तर-औपनिवेशिक इतिहासकार इन घटनाओं के लिए बंगाल पुनर्जागरण की उत्पत्ति का स्रोत हैं, यह तर्क देते हुए कि आंदोलन ब्रिटिश राज द्वारा हिंसा और शोषण की प्रतिक्रिया थी, साथ ही साथ इस क्षेत्र में अंग्रेजी शिक्षा के साम्राज्य के प्रचार का एक उत्पाद था। अपने "सभ्यता मिशन" के हिस्से के रूप में। उदाहरण के लिए, शिवनाथ शास्त्री ने नोट किया कि चार्ल्स ग्रांट, भारतीय मामलों में प्रभावशाली एक ब्रिटिश राजनेता, जिन्होंने ईस्ट इंडिया कंपनी के अध्यक्ष के रूप में

भी काम किया, "ने कहा कि देश में रहने वाली विभिन्न जातियों को एक संपूर्ण शिक्षा दी जाए, और उन्हें सुसमाचार का प्रचार किया जाए ...।" इसके अलावा, अरबिंद पोद्दार का तर्क है कि बंगालियों की अंग्रेजी शिक्षा का उद्देश्य "मात्र राजनीतिक दास" बनाना था, यह तर्क देते हुए कि, "अंग्रेजी शिक्षा की सभ्य भूमिका ने, एंग्लोफाइल्स का एक वर्ग बनाने की आवश्यकता पर बल दिया, जो कुछ हद तक शासकों और शासितों के बीच अस्तित्व के बीच।"

अन्य इतिहासकार बंगाल पुनर्जागरण की शुरुआत के रूप में "बंगाल पुनर्जागरण के पिता," राजा राममोहन राय के कार्यों का हवाला देते हैं। 1829 तक रॉय ने ब्रह्म सभा आंदोलन की सह-स्थापना की, जिसे बाद में देवेंद्रनाथ टैगोर ने ब्रह्म समाज का नाम दिया। यह एक प्रभावशाली सामाजिक-धार्मिक सुधार आंदोलन था जिसने पुनर्जागरण के साथ-साथ आधुनिक भारतीय समाज के निर्माण में महत्वपूर्ण योगदान दिया।

शिक्षा

भारत में बंगाल पुनर्जागरण द्वारा लाए गए कई परिवर्तनों में से एक बंगाली भाषा और अंग्रेजी दोनों में शिक्षा का विकास था। उस समय के औपनिवेशिक प्रावधानों में मुख्य रूप से गांव के स्कूलों में साक्षरता और संख्यात्मकता, अरबी और इस्लामी अध्ययन मदरसों में मुसलमानों को पढ़ाया जाता था, और टोल, जहां पंडितों ने ब्राह्मणों को संस्कृत ग्रंथों का निर्देश दिया था, जो बंदोबस्ती द्वारा समर्थित थे। ये संस्थान विशेष रूप से पुरुष थे, और दुर्लभ मामलों में जहां लड़कियों को शिक्षा मिल सकती थी, यह घर में था। ईसाई मिशनों के काम का भी भारतीय छात्रों पर सरकार की पहल की तुलना में अधिक प्रभाव पड़ा। जबकि 1813 के ईस्ट इंडिया कंपनी अधिनियम ने सरकार के अधिशेष से 100,000 रुपये आवंटित किए, जिसे "साहित्य के पुनरुद्धार और सुधार के लिए लागू किया गया, और भारत के विद्वान मूल निवासियों के प्रोत्साहन के लिए, और विज्ञान के ज्ञान के परिचय और प्रचार के लिए"। सार्वजनिक शिक्षा के किसी भी सुसंगत प्रावधान का नेतृत्व नहीं किया।

डर्मोट किलिंगले के अनुसार, इस चार्टर अधिनियम में उल्लिखित अधिशेष "एक आकांक्षा थी, बजट की वस्तु नहीं" थी, और यहां तक कि अगर धन के लिए प्रदान किया गया था, तो इस बारे में अनिश्चितता थी कि इसे कैसे खर्च किया जाना चाहिए। कुछ उन्नत संस्थानों पर निवेश करने या व्यापक प्रारंभिक शिक्षा को बढ़ावा देने के लिए, किस भाषा का उपयोग करना है, और विशेष रूप से भारत में सीखने के पारंपरिक तरीकों का समर्थन करना है, जो संरक्षण के नुकसान के कारण गिरावट आई

थी, या पश्चिमी शिक्षा पर आधारित एक नई प्रणाली शुरू करने के लिए।]राममोहन राय ने 1823 में गवर्नर-जनरल को एक संस्कृत कॉलेज की स्थापना के विरोध में अपना विरोध व्यक्त करते हुए इस अंतिम बहस में योगदान दिया, जो पारंपरिक शिक्षा को बढ़ावा देगा और पश्चिमी वैज्ञानिक शिक्षा की वकालत करेगा; यह प्रयास बिना प्रभाव के विफल रहा। मिशनरियों ने 1816 में युवा महिलाओं को पढ़ाना शुरू किया, लेकिन 1854 तक एक व्यवस्थित शिक्षा नीति स्थापित नहीं की गई थी। हालांकि, सेनगुप्ता और पुरकायस्थ बताते हैं कि 1860 और 1870 के दशक के दौरान भी, "महिला शिक्षा की परियोजना पूरी तरह से बंधी हुई थी। महिलाओं को अपने घरेलू कर्तव्यों का बेहतर निर्वहन करने में सक्षम बनाने का उद्देश्य।"

मिशनरियों के प्रति ईस्ट इंडिया कंपनी की प्रारंभिक शत्रुता के बावजूद, औपनिवेशिक सरकार ने बाद में स्थानीय आबादी को शिक्षित करने और प्रशिक्षण देने में उनके योगदान के लाभों को देखा। यह विशेष रूप से इसलिए था, जैसा कि किलिंग्ले ने कहा, "उन्नीसवीं शताब्दी की शुरुआत के नवाचारों में, सरकारी पहल का ईसाई मिशनों और व्यक्तियों के काम की तुलना में कम प्रभाव पड़ा ... जिन्होंने साक्षरता, संख्यात्मकता और संबंधित कौशल की मांग का जवाब दिया वाणिज्यिक और प्रशासनिक गतिविधि।" 1800 में, बैपटिस्ट मिशनरी सोसाइटी ने श्रीरामपुर, पश्चिम बंगाल में एक केंद्र की स्थापना की, जहाँ से इसने साक्षरता, गणित, भौतिकी, भूगोल और अन्य तथाकथित "उपयोगी ज्ञान" सिखाने वाले स्कूलों का एक नेटवर्क चलाया। इसके तुरंत बाद अन्य मिशनरी समाजों ने भी इसी तरह की तर्ज पर काम किया। ये मिशनरी, जो काफी हद तक स्थानीय, स्वदेशी शिक्षकों और परिवारों पर निर्भर थे, और औपनिवेशिक सरकार, जो कभी-कभी अनुदान के साथ उनका समर्थन करती थी, ईसाई शिक्षाओं या बाइबिल को पेश करने के बारे में भी सतर्क थे।

बंगाल समाज में कई औपनिवेशिक प्रशासकों ने देखा कि स्पष्ट नैतिक गिरावट को उलटने के लिए शिक्षा को भी आवश्यक माना जाता था। एक उदाहरण देने के लिए, बंगाल में एक ब्रिटिश न्यायाधीश ने लंदन मिशनरी सोसाइटी के स्कूलों की सिफारिश की, "उनके धार्मिक पूर्वाग्रहों में हस्तक्षेप किए बिना सभी अनुनय के मूल निवासियों के बीच नैतिकता के प्रसार और समाज के सामान्य सुधार के लिए।" हालांकि, केवल मिशनरी ही ऐसे माध्यम नहीं थे जिनके माध्यम से शिक्षा को बढ़ावा दिया गया था। उदाहरण के लिए, कलकत्ता में व्यक्तियों जैसे राममोहन राय, रूढ़िवादी हिंदू विद्वान, राधाकांत देब से लेकर नास्तिक परोपकारी, डेविड हेयर और अन्य ब्रिटिश अधिकारियों ने अक्सर कलकत्ता स्कूल बुक सोसाइटी और कलकत्ता स्कूल सोसाइटी में सहयोग किया। इस अवधि के दौरान स्थापित कुछ अन्य शिक्षण संस्थानों

में चटगांव कॉलेज शामिल हैं ; भारतीय सांख्यिकी संस्थान ; हिंदू स्कूल, एशिया का सबसे पुराना आधुनिक शिक्षण संस्थान; जादवपुर विश्वविद्यालय ; प्रेसीडेंसी विश्वविद्यालय, कोलकाता ; कलकत्ता विश्वविद्यालय, ढाका विश्वविद्यालय, बांग्लादेश का सबसे पुराना विश्वविद्यालय; और विश्व भारती विश्वविद्यालय।

विज्ञान

बंगाल पुनर्जागरण के दौरान विज्ञान को कई बंगाली वैज्ञानिकों जैसे सत्येंद्र नाथ बोस, आशुतोष मुखर्जी, अनिल कुमार गेन, प्रशांत चंद्र महालनोबिस, प्रफुल्ल चंद्र रे, देवेंद्र मोहन बोस, जगदीश चंद्र बोस, ज्ञान चंद्र घोष, गोपाल चंद्र भट्टाचार्य, किशोरी द्वारा भी उन्नत किया गया था। मोहन बंद्योपाध्याय, ज्ञानेंद्र नाथ मुखर्जी, शिशिर कुमार मित्रा, उपेंद्रनाथ ब्रह्मचारी और मेघनाद साहा।

जगदीश चंद्र बोस (1858-1937) एक पॉलीमैथ थे : एक भौतिक विज्ञानी, जीवविज्ञानी, वनस्पतिशास्त्री, पुरातत्वविद् और विज्ञान कथा के लेखक। उन्होंने रेडियो और माइक्रोवेव ऑप्टिक्स की जांच का बीड़ा उठाया, वनस्पति विज्ञान में बहुत महत्वपूर्ण योगदान दिया और भारतीय उपमहाद्वीप में प्रयोगात्मक विज्ञान की नींव रखी। उन्हें रेडियो विज्ञान के जनक में से एक माना जाता है, और उन्हें बंगाली विज्ञान कथा का जनक भी माना जाता है। उन्होंने क्रेस्कोग्राफ का भी आविष्कार किया।

कला

बंगाल स्कूल ऑफ आर्ट एक कला आंदोलन और भारतीय चित्रकला की एक शैली थी जो बंगाल में उत्पन्न हुई और 20 वीं शताब्दी की शुरुआत में पूरे ब्रिटिश भारत में फली-फूली। अपने शुरुआती दिनों में 'पेंटिंग की भारतीय शैली' के रूप में भी जाना जाता है, यह भारतीय राष्ट्रवाद (स्वदेशी) से जुड़ा था और अबनिंद्रनाथ टैगोर के नेतृत्व में था।

पश्चिम में भारतीय आध्यात्मिक विचारों के प्रभाव के बाद, ब्रिटिश कला शिक्षक अर्नेस्ट बिनफील्ड हैवेल ने छात्रों को मुगल लघुचित्रों की नकल करने के लिए प्रोत्साहित करके कलकत्ता स्कूल ऑफ आर्ट में शिक्षण विधियों में सुधार करने का प्रयास किया। इससे विवाद पैदा हुआ, जिसके कारण छात्रों ने हड़ताल की और स्थानीय प्रेस से शिकायतें कीं, जिनमें राष्ट्रवादी भी शामिल थे, जिन्होंने इसे एक प्रतिगामी कदम माना। हैवेल को कलाकार अबनिंद्रनाथ टैगोर का समर्थन प्राप्त था।

साहित्य

इतिहासकार रोमेश चंदर दत्त के अनुसार: अंग्रेजों द्वारा बंगाल की विजय न

केवल एक राजनीतिक क्रांति थी, बल्कि धर्म और समाज में विचारों और विचारों में एक बड़ी क्रांति की शुरुआत की ... देवी-देवताओं, राजाओं और रानियों, राजकुमारों और राजकुमारियों की कहानियों से, हमारे पास है सामान्य नागरिक या यहां तक कि आम किसान के प्रति सहानुभूति रखना, जीवन के विनम्र क्षेत्रों में उतरना सीखा ... हर क्रांति में जोश के साथ भाग लिया जाता है, और वर्तमान शासन का अपवाद नहीं है। बंगाली साहित्य के इतिहास में राम मोहन राय, अक्षय कुमार दत्त, ईश्वर चंद्र विद्यासागर, ईश्वर चंद्र गुप्ता, माइकल मधुसूदन दत्त, हेम चंद्र बनर्जी के रूप में इतने सारे या इतने उज्ज्वल नाम एक सदी के सीमित स्थान में एक साथ नहीं पाए गए हैं। बंकिम चंद्र चटर्जी और दीना बंधु मित्रा। वर्तमान शताब्दी के तीन तिमाहियों के भीतर, गद्य, रिक्त पद्य।

आत्मीय सभा

आत्मीय सभा भारत में एक दार्शनिक चर्चा मंडल थी। एसोसिएशन की शुरुआत राम मोहन राय ने 1815 में कोलकाता (तब कलकत्ता) में की थी। वे दार्शनिक विषयों पर बहस और चर्चा सत्र आयोजित करते थे, और स्वतंत्र और सामूहिक सोच और सामाजिक सुधार को बढ़ावा देने के लिए भी इस्तेमाल करते थे। 1815 में आत्मीय सभा की नींव कोलकाता में आधुनिक युग की शुरुआत के रूप में है। 1823 में, संघ समाप्त हो गया।

गतिविधियां

सभा की मुख्य गतिविधि एकेश्वरवादी हिंदू वेदांतवाद और इसी तरह के विषयों पर चर्चा और बहस सत्र आयोजित करना था। मानिकतला में राम मोहन राय के उद्यान-भवन में साप्ताहिक बैठकें आयोजित की जाती थीं। इनमें से अधिकांश सभाएँ अनौपचारिक थीं और इन बैठकों में केवल कुछ मुट्ठी भर बंगाली बुद्धिजीवी शामिल होते थे। यह एक औपचारिक संगठन नहीं था, और कोई सदस्यता पंजीकरण प्रक्रिया नहीं थी। हालांकि, एसोसिएशन का इरादा स्वतंत्र और सामूहिक सोच को बढ़ावा देना था। उन्होंने रूढ़िवादी धर्मों को भी चुनौती दी और उनकी निंदा की।

उल्लेखनीय प्रतिभागी

इस मंडली में शामिल होने वाले कुछ उल्लेखनीय लोग हैं-

- द्वारका नाथ टैगोर
- प्रसन्ना कुमार टैगोर
- नंदा किशोर बोस

- वृंदाबन मित्र
- शिवप्रसाद मिश्रा
- हरिहरानंद तीर्थस्वामी

मिश्रा और तीर्थस्वामी संस्कृत के विद्वान थे।

तत्त्वबोधिनी सभा

तत्त्वबोधिनी सभाकी स्थापना देवेन्द्रनाथ ठाकुर ने कलकत्ता में 6 अक्टूबर, 1839 को की थी। इस सभा का उद्देश्य धार्मिक विषयों पर चिन्तन तथा उपनिषदों के सार का प्रसार करना था।

आरम्भ में इसका नाम 'तत्त्वरंजिनी सभा' था और यह ब्रह्म समाज से टूटकर अलग हुए कुछ लोगों द्वारा स्थापित एक संघ था। बाद में इसका नाम तत्त्वबोधिनी सभा कर दिया गया। 1859 में पुनः इस सभा का विलय ब्रह्म समाज में कर दिया गया।

तत्त्वबोधिनी पत्रिका

ब्रह्म समाज की तत्त्वबोधिनी सभा का तत्त्वबोधिनी पत्रिका अंग। पत्रिका को पहली बार 16 अगस्त 1843 को कलकत्ता से प्रकाशित किया गया था ताकि ब्रह्म धर्म का प्रचार किया जा सके और तत्त्वबोधिनी सभा के सदस्यों के बीच नियमित संपर्क को सक्षम बनाया जा सके। अक्षय कुमार दत्ता इसके संपादक थे, और देवेंद्रनाथ टैगोर पर इसके समग्र पर्यवेक्षण का आरोप लगाया गया था। 19वीं शताब्दी के सबसे प्रसिद्ध गद्य लेखक-ईश्वर चंद्र विद्यासागर, राजनारायण बसु, द्विजेंद्रनाथ टैगोर ने नियमित रूप से पत्रिका में योगदान दिया, जिससे बांग्ला भाषा में एक नया युग पैदा हुआ और साहित्य। इसके सभी योगदानकर्ता और संरक्षक सुधारवादी थे। यद्यपि धार्मिक मामलों का प्रचार-प्रसार इसका प्राथमिक उद्देश्य था, पत्रिका ने सामान्य ज्ञान और विज्ञान, इतिहास, साहित्य, धर्म, राजनीति, अर्थशास्त्र, समाजशास्त्र और दर्शन पर बहुमूल्य लेख भी प्रकाशित किए। यह बंगालियों को अंतर्राष्ट्रीय व्यापार में उद्यम करने और राजनीतिक स्वतंत्रता के लिए खुद को पर्याप्त रूप से सुसज्जित करने के लिए आग्रह करने वाले टुकड़े छापता था। इस प्रकार पत्रिका ने बंगाली संस्कृति और सभ्यता के विकास में महत्त्वपूर्ण योगदान दिया।

तत्त्वबोधिनी पत्रिका ने पूर्वी बंगाल में ब्रह्मवाद के प्रचार में महत्त्वपूर्ण भूमिका निभाई। ढाका में ब्रह्म समाज के प्रवर्तक ब्रजसुंदर मित्रा पत्रिका को पढ़कर इस आस्था की ओर आकर्षित हुए। समय की खराब संचार व्यवस्था और श्रमिकों की कमी को देखते हुए पत्रिका ने समाज के काम में बड़ी भूमिका निभाई।

देबेंद्रनाथ पत्रिका को केवल धार्मिक मामलों तक सीमित रखना चाहते थे, लेकिन अक्षय कुमार का दृष्टिकोण, जो वैज्ञानिक निबंधों के दायरे को व्यापक बनाना चाहते थे, प्रबल थे। अक्षय कुमार के सम्पादकत्व के कारण पत्रिका बांग्ला पत्रकारिता की प्रतिष्ठा बढ़ाने में सफल रही। पाश्चात्य शिक्षा वाले बुद्धिजीवी भी जो बांग्ला समाचार पत्र नहीं पढ़ना चाहते थे, वे तत्त्वबोधिनी की ओर आकर्षित थे क्योंकि इसकी व्यापकता और गुणवत्तापूर्ण छपाई थी। पत्रिका में छपने वाले लेखों को ईश्वर चंद्र विद्यासागर, राजेंद्रलाल मित्रा, देवेंद्रनाथ टैगोर, राजनारायण बसु, आनंदकृष्ण बसु, श्रीधर न्यायरत्न, आनंदचंद्र वेदांतवागीश, प्रसन्नकुमार सरबधिकारी, राधाप्रसाद रॉय, श्यामाचरण मुखर्जी, अक्षय कुमार दत्ता और अन्य की एक समिति द्वारा चुना गया था। राधाप्रसाद राय, पुत्ररामममोहन राय, जो समिति के सदस्य थे, ने उपहार के रूप में पत्रिका को एक प्रिंटिंग प्रेस दिया। 1859 में तत्त्वबोधिनी सभा बंद हो गई और पत्रिका समिति को भंग कर दिया गया। इसके बाद, पत्रिका चलाना कलकत्ता ब्रह्म समाज की जिम्मेदारी बन गई।

तत्त्वबोधिनी पत्रिका 1932 तक प्रकाशित हुई थी। अक्षय कुमार के बाद, इसे अलग-अलग समय पर नबीनचंद्र बनर्जी, सत्येंद्रनाथ टैगोर, अयोध्यानाथ पाकराशी, हेमचंद्र विद्यारत्न, द्विजेंद्रनाथ टैगोर, रवींद्रनाथ टैगोर और क्षितिंद्रनाथ टैगोर द्वारा संपादित किया गया था।

एकेश्वरवाद का सिद्धांत

राजा राममोहन राय ने एकेश्वरवाद के सिद्धांत का प्रतिपादन किया।

एकेश्वरवाद वह सिद्धांत है जो ईश्वर एक है' अथवा एक ईश्वर है विचार को सर्वप्रमख रूप मे मान्यता देता है। एकेश्वरवदी एक ही ईश्वर में विश्वस करत है और केवल उसी की पूज उपासना करता है। इसके साथ ही वह किसी भी ऐसी अन् अलौकिक शक्ति या देवता को नही मानता जो उस ईश्वर का समकक्ष हो सके अथवा उसका स्थन ले सके इसी दृष्ट से बहुदेववाद एकदेववद का विलोम सिद्धान् कहा जाता है। एकेश्वरवद के विरोधी दार्निक मतवादो में दार्निक सर्वेश्वरवाद, दार्निक निरीश्वरवद तथा दार्निक सदेहवाद की गना की जाती है। सर्वेश्वरवाद ईश्वर और जगत् मे अभिन्नता मानता है उसके सिद्धतवाक्य हैं सब ईश्वर है तथा ईश्वर सब है। एकेश्वरवद केवल एक ईश्वर की सत्त मानता है। सर्वेश्वरवाद ईश्वर और जगत् दिनों की सत्ता मानता है यद्यपि जगत् की सत्ता के स्वरूप मे वमत्य है तथापि ईश्वर और जगत् क एकता अवश्य स्वीकर करता है ईश्वर एक है वाक्य की सूक्ष् दार्निक मीमांस करने पर यह कहा जा सकता है कि सर्सत्ता ईश्वर है। यह निष्कर्

सर्वेश्वरवाद के निकट है। इसीलिए ये वाक्य एक तथ्य को दो ढग से प्रकट करते है इनका तुलनात्मक अध्ययन करने से यह प्रकट होता है कि 'श्वर एक है' वाक्य जहाँ ईश्वर के सर्वातत्व की ओर संकेत करता है वही सब ईश्वर हैं' वाक्य ईश्वर के सर्व्यपकत्व की ओर।

देशकालगत प्रभाव की दृष्टि से विचार करने पर ईश्वर के तीन विषम रूपों के अनुसार तन प्रकार के एकेश्वरवाद का भी उल्लेख मिलता है

1. इजरायली एकेश्वरवद
2. यूनान दर्न का हलेनिक एकेश्वरवद, तथा
3. हिद एकेश्वरवद।

इनमे से तीसरा एकेश्वरवद सर्वधिक व्यापक है और इसका सर्वेश्वरवाद से बहत निकटता है। यह सिद्धात केवल ईश्वर की ह पूर् सत्ता पर जोर नही देता अपित जगत् क असत्ता पर भी जोर देता है किन्त विभिन्न दार्निक दृष्टयों से वह जगत् की सत्ता और असत्ता दोनो का दो प्रकार के सत्यों के रूप मे प्रस्तुत भी करता है जगत् की असत्ता भी समान रूप से जोर देने के कारण कुछ लोग हिन्दू सश्वरवाद का एकेश्वरद के निकट देखते हुए उसके लिए शब्द का प्रयग अधिक संगत मानत हैं। इस दृष्ट से जगत् की सत्त केवल प्रतत मात्र है।

हिंद एकेश्वरवाद में ऐतिहासिक दृष्टि से अनेक विशेषताए देखने में आती है, कालानुसार उनके अनेक रूप मिलते हैं। सर्वेस्वरवाद और बहुदेवाद परस्पर घनिष्ठ सम्बन्ध हैं। कुछ लोग विकासात्मक की द्रष्टि से बहुदेववाद को सर्वप्रथम स्थान देते हैं। भारतीय धर् और चिंतन के विकास में प्रारभिक वदिक युग में बहुदेवाद की तथा उत्तर वादिक युग मे सभी देवत के पीछे एक पम शक्ति की कल्पना मिलती है दूसरे मत से यधपि वादिक देवता के बहुत्व को देखकर सामान्य पाठक वेदों को बहुदेवादी कह सकता है तथापि प्रबद्ध अध्येता को उनमें न तो बहुदेवाद का दर्श होगा और न ही केश्वरवाद का। वह तो भारतीय धर्म्चिन्तना की एक ऐसी स्थिति है जिसे उन दिनों का उत्साह मान सकते हैं। वस्तुत: यह धर्मात स्थिति इतनी विकसित थी कि उक्त दोनों में से किसी एक की ओर वह उन्मुख हो सके। किंतु जैसे-जैसे धर्म की गंभीरता की प्रवति बढ़ती गई, वैसे-वैसे भारतीय चेतना की प्रवत्ति भी एकेश्वरवाद की ओर बढ़ती गई कर्मकांडी कर्म स्वत: अपना फल प्रदान करते है, इस धारणा ने भी बहुदेवाद के दवताओं की महत्ता को कम किया। उपनिषद काल में ब्रह्मविद्या का प्रचार होने पर एक श्वर अथवा शक्ति की विचरणा प्रधान हो गई। पुराणिक काल में अनेक देवताओ की मान्यता होते हुए भी, उनमे से किसी एक को प्रधान मानकर उसकी उपासना पर जोर दिया गया. वेदान्त दर्शन के प्रबल होने पर बहुदेववादी मान्यताएं और भी

दुर्लभ हो गई एवं एक ही श्वर अथवा शक्ति का सिद्धांत प्रभु हो गया। इन्हीं आधारों पर कुछ लोग एकेश्वरवाद को गंभीर चेतना को फल मानते हैं। वस्तुत: संपूर्ण भारतीय धर्मसाधना, चेतना और साहित्य के ऊपर विचार करने पर सर्वेश्वरवाद (जो एकेश्वरवाद के अधिक निकट है) की ही व्यापकता सर्वत्र परिक्षित होती है। यह भारतीय मतवेद यद्यपि जनप्रलित बहुदेववाद से बहु दूर है तथापि नये देशों की तरह यहाँ भी सर्वेश्वरवाद बहुदेवाद से नैकटय स्थापित कर रहा है।

महाभारत के नारयणीयोपाख्या में श्वतद्वीपीय निवासियों को एकेश्वरवादी भक्ति से पन्न कहा गया है। विष्वकसेन संहिता ने वैदकों की, एकदेववादी न होने तथा वादिक कर्मकांडी विधानों में विश्वास करने के कारण, कटु आलोचना की है। इसी प्रकार भारतीय धर्मन्तना में एकेश्वरवाद का एक और रूप मिलता है। पहले ब्रह्मा, विष्णु और महेश की विभिन्नता प्रतिपादित हो गई, साथ ही कहीं-कहीं विष्णु और ब्रह्मा को शिव में समाविष्ट भी माना गया। कालांतर में एकता की भावना भी विकसित हो गई। केवल शव में ही दोनों देवताओं के गुण का आरोप हो गया। विष्णु के सम्बन्ध में भी इसी प्रकार का आरोप मिला है। विष्णुपुराण तो तीनों को एक परमात्मा की अभिव्यक्ति मानता है। यह परमात्मा कहीं शिव रूप में है और कहीं विष्णु रूप में।

दूसरा अतिप्रशिध एकश्वरवाद इस्लामी है। केवल एक की सत्ता को स्वीकार करते हुए यह मत मानता है कि बहुदेववाद बहुत बड़ा पाप है। ईश्वर एक है। उसके अतिरिक्त कोई दूसरी सत्ता नहीं है। वह सर्वक्तिमान् है, अतुलनीय है, सर्वेस्वरवाद है, सर्वतीत है। वह इस जगत् का कारण है और निर्मता है। वह अवत नहीं लेता। वह देश काल से परे अनादि और असीम है, तथै निर्गुण और एकरस है। इस्लाम के ही अंतर्गत विकसित सूफ मत में इन विचारो के अतिरिक्त उसे सर्वव्यापी सत्ता माना गया। सर्वत्र उसी की विभूतयों का दर्न होता है। परिणामत: उन लोगों ने परमात्मा का निवास सबमे और सबका निवास परमात्मा में माना। यह एकेश्वरवाद से सर्वेश्वाद की ओर होनेवाले विकास का संकेत है, यद्यपि मूल इस्लामी एकेश्वरवाद से यहाँ इसकी भिन्नता भी स्पष्ट दिखलाई पड़ती है।

10. राजा राममोहन राय के साहित्यिक उपनिषद

केना उपनिषद

केना उपनिषद (केनोपनिषद) एक वैदिक संस्कृत पाठ है जिसे प्राथमिक या मुख्य उपनिषदों में से एक के रूप में वर्गीकृत किया गया है जो सामवेद के तलवकार ब्राह्मणम के अंतिम खंड के अंदर सन्निहित है। इसे हिंदू धर्म के 108 उपनिषदों के सिद्धांत, मुक्तिका में नंबर 2 के रूप में सूचीबद्ध किया गया है।

केना उपनिषद संभवतः पहली सहस्राब्दी ईसा पूर्व के मध्य में रचा गया था। इसकी एक असामान्य संरचना है जहां पहले 13 छंद एक मीट्रिक कविता के रूप में रचित हैं, इसके बाद मुख्य पाठ के 15 गद्य पैराग्राफ और उपसंहार के 6 गद्य पैराग्राफ हैं। पॉल ड्युसेन का सुझाव है कि मुख्य पाठ का बाद वाला गद्य खंड काव्य प्रथम खंड की तुलना में कहीं अधिक प्राचीन है, और केना उपनिषद ने उपनिषदों के मीट्रिक काव्य युग के साथ अधिक प्राचीन गद्य उपनिषद युग को जोड़ा।

केना उपनिषद गुणों और गुणों के बिना ब्राह्मण की चर्चा में और "विशुद्ध रूप से वैचारिक ज्ञान" पर एक ग्रंथ होने के लिए उल्लेखनीय है। यह दावा करता है कि सभी देवताओं का कुशल कारण, प्रतीकात्मक रूप से प्रकृति की शक्तियों के रूप में कल्पना की गई, ब्राह्मण है। इसने अलग-अलग व्याख्याओं के बाद आस्तिक और अद्वैत दोनों उप-विद्यालयों के हिंदू धर्म के वेदांत स्कूल के लिए एक मूलभूत ग्रंथ बना दिया है। केना उपनिषद "आध्यात्मिक मनुष्य" के विचार पर जोर देने में भी महत्वपूर्ण है, "स्व एक अद्भुत प्राणी है कि यहां तक कि देवता भी पूजा करते हैं", "आत्मान (स्व) मौजूद है", और "ज्ञान और आध्यात्मिकता सभी प्राणियों के लक्ष्य और तीव्र लालसा हैं"।

केना उपनिषद सामवेद के तलवकार ब्राह्मण से संबंधित है, प्राचीन और मध्यकालीन युग के भारतीय ग्रंथों में इसके लिए तलवकार उपनिषद के वैकल्पिक नाम की व्युत्पत्ति संबंधी जड़ें दी गई हैं।

केना उपनिषद को केनोपनिषद भी कहा जाता है।

कालक्रम :

केना उपनिषद का कालक्रम, अन्य वैदिक ग्रंथों की तरह, अस्पष्ट है और विद्वानों

द्वारा विवादित है। सभी मत अल्प प्रमाणों पर टिके हैं, पुरातनवाद का विश्लेषण, शैली और ग्रंथों में दोहराव, विचारों के संभावित विकास के बारे में धारणाओं से प्रेरित है, और अनुमानों पर कि किस दर्शन ने अन्य भारतीय दर्शन को प्रभावित किया हो सकता है।

फिलिप्स केना उपनिषद की रचना बृहदारण्यक, छांदोग्य, ईशा, तैत्तिरीय और ऐतरेय (पूर्व-छठी शताब्दी ईसा पूर्व) के बाद हुई है, लेकिन कथा, मुंडका, प्रसन्ना, मांडुक्य, श्वेताश्वतर और मैत्री उपनिषदों से पहले, साथ ही साथ सबसे पहले बौद्ध पाली और जैन कैनन।

रानाडे फिलिप्स के समान दृष्टिकोण रखते हैं, थोड़ा अलग क्रम के साथ, केना कालानुक्रमिक रचना को प्राचीन उपनिषदों के तीसरे समूह में रखते हैं। पॉल ड्यूसेन केना उपनिषद को गद्य रचना और विचारों के साथ काव्य रचनात्मकता के संलयन की अवधि को पूरा करने के लिए मानते हैं। विंटरनिट्ज केना उपनिषद को पूर्व-बौद्ध, पूर्व-जैन साहित्य मानते हैं।

पाठ लगभग पहली सहस्राब्दी ईसा पूर्व के मध्य से होने की संभावना है। केना उपनिषदों में पाए जाने वाले कई विचारों की जड़ें अधिक प्राचीन हैं। उदाहरण के लिए, केना उपनिषद के श्लोक 2 में विचार सबसे पुराने बृहदारण्यक उपनिषद के अध्याय 4.4 में पाए जाते हैं, साथ ही दूसरे सबसे पुराने चंदोग्य उपनिषद के अध्याय 8.12 में भी पाए जाते हैं।

संरचना

केना उपनिषद के तीन भाग हैं: पहले भाग में 13 छंद, दूसरे भाग में 15 परिच्छेद और उपसंहार में 6 परिच्छेद। इन्हें चार खंड (खण्ड, खंड या खंड) में बांटा गया है। पहले खंड में 8 श्लोक हैं, दूसरे में 5 श्लोक हैं। तीसरे खंड में 12 परिच्छेद हैं, जबकि चौथे खंड में शेष 9 (मुख्य पाठ के 3 परिच्छेद और उपसंहार के 6 परिच्छेद) हैं।

केना उपनिषद के पहले दो खंड कविताएं हैं, अंतिम दो गद्य हैं, एक अपवाद के साथ। अनुच्छेद 9 गद्य और संरचनात्मक रूप से जगह से बाहर है, जिसने विद्वानों को यह बताने के लिए प्रेरित किया है कि अनुच्छेद 9 डाला गया था या मूल पांडुलिपि का एक अधिक आधुनिक युग में दूषित संस्करण है। केना उपनिषद के काव्य खंड की एक और विषम संरचनात्मक विशेषता श्लोक 3 है, जिसमें 8 पंक्तियाँ हैं (आमतौर पर 3ए और 3बी के रूप में चिह्नित), जबकि पहले दो खंडों में अन्य सभी काव्य छंद गणितीय मीट्रिक निर्माण की केवल 4 पंक्तियाँ हैं।

भारत के विभिन्न भागों में खोजी गई पांडुलिपियों में केना उपनिषद की स्थिति में कुछ अंतर हैं। उदाहरण के लिए, यह दक्षिण भारतीय पांडुलिपियों में तलवकार ब्राह्मण का नौवां अध्याय है और जैसा कि शंकर द्वारा भाष्य (टिप्पणी) में उल्लेख किया गया है, जबकि सामवेद के खंडों की बर्नेल पांडुलिपि इसे दसवें अनुवाक में रखती है। चौथा अध्याय (जैमिनिया ब्राह्मण के अंदर)।

केन उपनिषद को सामवेद के भाग के रूप में स्वीकार किया जाता है, लेकिन यह अथर्व संग्रह की पांडुलिपियों में भी पाया जाता है। दो संस्करणों के बीच का अंतर मामूली और संरचनात्मक है - साम वेद पांडुलिपियों में, केना उपनिषद के चार खंड हैं, जबकि अथर्व पांडुलिपियों में खंडों में ऐसा कोई विभाजन नहीं है।

अंतर्वस्तु

ज्ञान की प्रकृति - प्रथम खंड :

केना उपनिषद मनुष्य की प्रकृति, उत्पत्ति, सार और ज्ञान और संवेदी धारणा के साथ उसके संबंध पर सवाल उठाते हुए खुलता है। फिर यह दावा करता है कि ज्ञान दो प्रकार का होता है - अनुभवजन्य और वैचारिक। अनुभवजन्य ज्ञान को पढ़ाया, वर्णित और चर्चा किया जा सकता है। वैचारिक स्वयंसिद्ध ज्ञान नहीं हो सकता, केन उपनिषद कहते हैं। शुद्ध, अमूर्त अवधारणाएँ सीखी और महसूस की जाती हैं, इसके बजाय यह उल्लेख किया जाता है कि उच्चतम वास्तविकता ब्रह्म है।

> "वहाँ आँख नहीं जाती,
>
> वाणी नहीं जाती, न ही मन।
>
> हम नहीं जानते, हम नहीं समझते, कोई
>
> इसे कैसे सिखाएगा?
>
> वास्तव में यह ज्ञात से भिन्न है,
>
> और अज्ञात से अधिक है।
>
> इस प्रकार पूर्वजों से,
>
> सिद्धांत हमें प्रेषित किया गया है।

छंद 4 में, केन उपनिषद ने दावा किया है कि ब्राह्मण की पूजा नहीं की जा सकती है, क्योंकि इसमें कोई विशेषता नहीं है और यह अकल्पनीय, अवर्णनीय, शाश्वत, सभी वर्तमान वास्तविकता है। मनुष्य जिसकी पूजा करता है वह न तो आत्मान-ब्रह्म है और न ही आत्मान-ब्रह्म का मार्ग। बल्कि, ब्रह्म वह है जिसे अनुभवजन्य वास्तविकता के रूप में नहीं माना जा सकता है। यह वह है जो कानों में ध्वनि को "सुनता है", आंखों में "देखता है", वाणी के शब्दों को "देखता है", श्वास में सुगंध

को "सुगंधता" है, विचार में अर्थ को "समझता" है। आत्मान-ब्रह्म मनुष्य में है, न कि जिसकी बाहर पूजा की जाती है।

वुडबर्न ने केना उपनिषद के पहले खंड की व्याख्या ब्राह्मण को इस तरह से करने के लिए की है कि ईसाई धर्म में "विश्वास" का वर्णन किया गया है। इसके विपरीत, शंकर पहले खंड की व्याख्या पूरी तरह से अद्वैतवादी के रूप में करते हैं।

आत्म-जागरण आंतरिक शक्ति का स्रोत है - दूसरा खंड:

केना उपनिषद का दूसरा खंड गद्य पैराग्राफ 9 से शुरू होता है जो एक आस्तिक विषय को सम्मिलित करता है, जिसमें कहा गया है कि पहले खंड में वर्णित ब्राह्मण की पूजा धोखा है क्योंकि यह ब्राह्मण का अभूतपूर्व रूप है, देवताओं में से एक है। श्लोक 10 से 13, काव्य रूप पर लौटते हैं, और विषय ब्रह्म को जानना क्या है और ब्रह्म को क्या जानना नहीं है। केना के श्लोक 12 और 13 में आत्म-साक्षात्कार (मोक्ष) की स्थिति का वर्णन किया गया है, जिसमें कहा गया है कि जो लोग आत्म-जागृत होते हैं, वे आंतरिक शक्ति प्राप्त करते हैं, हर प्राणी में आध्यात्मिक एकता देखते हैं, और अमरता प्राप्त करते हैं। चार्ल्स जॉनसन राज्य को "आध्यात्मिक पुरुष" कहते हैं।

वह, जिसमें यह [आत्मान-ब्रह्म] जागता है, उसे जानता है

और अमरता पाता है

कि वह स्वयं है, उसे शक्ति देता है

कि वह उसे जानता है, अमरता देता है।

जिसने इसे यहां नीचे पाया, उसके पास सत्य है,

जिसने इसे यहां नहीं पाया, उसके लिए यह महान विनाश है,

हर प्राणी में, बुद्धिमान व्यक्ति इसे देखता है,

और इस दुनिया से निकलकर अमर हो जाता है।

तीन देवताओं और एक देवी का रूपक - तीसरा और चौथा खंड:

केना का तीसरा खंड एक कल्पित कहानी है, जो पहले दो काव्य खंडों के विपरीत गद्य में स्थापित है। कल्पित कहानी एक रूपक है, पॉल ड्यूसेन कहते हैं। थियोसोफिस्ट चार्ल्स जॉनस्टन कहते हैं, रूपक "संस्कृत गद्य का एक स्वादिष्ट टुकड़ा है, जो अपनी सरल शैली में आकर्षक है, और सभी उपनिषदों में सबसे गहरे मार्गों में से एक है"।

कल्पित कथा इस बात से शुरू होती है कि देवताओं और राक्षसों के बीच युद्ध में, ब्राह्मण ने देवताओं के लिए जीत हासिल की। तथापि, देवताओं ने विजय के लिए

स्वयं की प्रशंसा करते हुए कहा, "यह विजय हम में से है, यह पराक्रम और महिमा हम में से है"। ब्राह्मण ने यह देखा। इसने खुद को उन देवताओं के सामने प्रकट किया, जिन्होंने इसे पहचाना और नहीं पहचाना। देवताओं ने कहा, "यह अद्भुत प्राणी क्या है?" उन्होंने भगवान अग्नि (अग्नि) को यह पता लगाने के लिए भेजा कि यह अद्भुत प्राणी कौन है।

अग्नि ब्राह्मण के पास पहुंचे। ब्राह्मण ने पूछा, "तुम कौन हो?"। अग्नि ने उत्तर दिया, "मैं अग्नि हूँ, प्राणियों का ज्ञाता"। ब्राह्मण ने पूछा, "यदि हां, तो आपकी शक्ति का स्रोत क्या है"। अग्नि ने उत्तर दिया, "मैं पृथ्वी पर जो कुछ भी है उसे जलाने में सक्षम हूँ।" तब ब्राह्मण ने अग्नि के सामने घास का एक टुकड़ा रख दिया और कहा, "फिर इसे जला दो।" अग्नि घास पर दौड़ा और उसे जलाने की पूरी कोशिश की। वह फ़ेल हो गया। वह पीछे मुड़ा और देवताओं के पास लौट आया। अग्नि ने देवताओं से कहा, "मैं यह पता लगाने में असमर्थ हूं कि यह अद्भुत प्राणी क्या है"। देवताओं ने तब भगवान वायु (वायु) को जाने के लिए नामित किया, और "अन्वेषण, हे वायु, यह अद्भुत प्राणी क्या है"।

वायु ब्राह्मण के पास पहुंचे। ब्राह्मण ने पूछा, "तुम कौन हो?"। वायु ने उत्तर दिया, "मैं वायु हूँ, मैं मातरिस्वन हूँ (जो धरती माता के चारों ओर आकाशीय स्थान को भरता है, अंतरिक्ष में गतिमान)"। ब्राह्मण ने पूछा, "यदि हां, तो आपकी शक्ति का स्रोत क्या है"। वायु ने उत्तर दिया, "मैं पृथ्वी पर जो कुछ भी है उसे ले जाने या खींचने में सक्षम हूं।" तब ब्राह्मण ने वायु के सामने घास का एक टुकड़ा रख दिया और कहा, "फिर इसे ले जाओ।" वायु दौड़कर घास पर गया और उसे उठाकर दूर ले जाने की पूरी कोशिश की। वह फ़ेल हो गया। वह पीछे मुड़ा और देवताओं के पास लौट आया। वायु ने अपने साथी देवताओं से कहा, "मैं यह पता लगाने में असमर्थ हूं कि यह अद्भुत प्राणी क्या है"। देवताओं ने तब भगवान इंद्र (बिजली, शक्ति के देवता) की ओर रुख किया, और "अन्वेषण, हे पराक्रमी, इंद्र ब्रह्म के पास गए। वहाँ उन्हें ब्राह्मण के स्थान पर ज्ञानी सुन्दरी स्त्री मिली। उसका नाम उमा था। इंद्र ने उमा से पूछा, "यह अद्भुत प्राणी क्या है?"

देवी उमा ने उत्तर दिया, "वह ब्रह्म है, वह वही है जिसने विजय प्राप्त की, हालाँकि देवता इसके लिए स्वयं की प्रशंसा करते हैं"। तब इंद्र को पता चला।

परंपरा यह मानती है कि अग्नि, वायु और इंद्र अन्य सभी देवताओं से ऊपर हैं, जो पहले समारोहों और अनुष्ठानों में सम्मानित होते हैं, क्योंकि ये तीनों पहले ब्राह्मण से "मिले" और "अनुभव" किए। इंद्र को सबसे अधिक इसलिए मनाया जाता है क्योंकि वह सभी देवताओं में सबसे पहले ब्रह्म को "जानता था"।

जॉनसन कहते हैं, जैसा कि हिंदू विद्वान आदि शंकराचार्य करते हैं, कि यह सरल कहानी प्रतीकात्मकता से भरी हुई है। ब्राह्मण, कई वैदिक देवताओं में से चुने गए तीन देवता, और कई में से एक देवी की पसंद, देवी उमा स्वयं ब्राह्मण के बजाय ब्राह्मण के बारे में आध्यात्मिक ज्ञान प्रकट करती हैं, साथ ही साथ "द अद्भुत प्राणी", सभी अलंकारिक रूप से उपनिषदों के आध्यात्मिक विषयों का उल्लेख कर रहे हैं। अग्नि आग का प्रतीक है, और "प्राकृतिक आत्म, सभी प्राणियों और सब कुछ में महत्वपूर्ण आग के साथ" का प्रतीक है। वायु अंतरिक्ष का प्रतीक है जो अनुभवजन्य अस्तित्व को कवर करता है, "मानसिक आत्म, सब कुछ के बारे में विचारों के समान" का प्रतीक है। इंद्र बिजली, प्रकाश और रोशनी का प्रतीक है, इस प्रकार "कारण सचेत आत्म, सत्य के प्रकाश के साथ जो सही ज्ञान को गलत से अलग करता है" का प्रतीक है। ब्रह्म आत्मा है, शाश्वत है। देवताओं और राक्षसों के बीच युद्ध अच्छाई और बुराई के बीच युद्ध का प्रतीक है। देवता स्वयं मनुष्य की संवेदी और बौद्धिक क्षमताओं के अलंकारिक संदर्भ हैं, युद्ध के साथ जीवन की यात्रा में एक व्यक्ति द्वारा सामना की जाने वाली चुनौतियों का प्रतीक है। केना उपनिषद का रूपक यह सुझाव दे रहा है कि अनुभवजन्य क्रियाएं, जैसे कि आग से विनाश या एक स्थान से दूसरे स्थान पर जाने के लिए, "विषय के सार को जानना, अद्भुत होना" नहीं होता है। उपनिषद अलंकारिक रूप से याद दिलाता है कि बुराई पर अच्छाई की जीत प्रकट आत्मा की नहीं, बल्कि अच्छे, शाश्वत, आत्मान-ब्रह्म की है।

उपसंहार - चौथा खंड:

केना उपनिषद में उपसंहार पाठ के अंतिम छह पैराग्राफ में निहित है। यह ब्रह्म की कालातीतता और जागरूकता को चमत्कारिक "आह !!" के क्षणों के समान होने का दावा करता है। जीवन में, जैसे कि ध्यान केंद्रित विस्मयादिबोधक आकाश में बिजली चमकते हुए, या केंद्रित "आह !!" अतीत की स्मृति का किसी के मन में ज्ञान का स्मरण। केना उपनिषद में कहा गया है कि आध्यात्मिक ज्ञान का लक्ष्य, आत्म-जागरूकता, अद्भुत है, जो सभी प्राणियों में इसके लिए "तीव्र लालसा" की विशेषता है। आत्मा-ब्राह्मण का ज्ञान तद्ज्ञानम (पारलौकिक सुख, आनंद) है।

अंतिम पैराग्राफ में, केना उपनिषद नैतिक जीवन को आत्म-ज्ञान और आत्मान-ब्रह्म की नींव के रूप में बताता है।

तस्यै तपो दमः कर्मेति प्रतिष्ठा वेदाः सर्वाङ्गानि सत्यमायतनम् ॥ आठ ॥

तपस, दम:, काम - ये नींव हैं, वेद उसी के अंग हैं, सत्य इसका आधार है।

स्वागत समारोह

आदि शंकराचार्य ने केनोपनिषद पर दो भाष्य लिखे। एक केनोपनिषद पदभाष्य और दूसरे केनोपनिषद वाक्यभाष्य। केन उपनिषद के तीसरे खंड पर अपनी टिप्पणी में, शंकर ईश्वर-परमेश्वर के साथ आत्मान-ब्राह्मण की बराबरी करते हैं। इस समानता को बृहदारण्यक उपनिषद भाष्य में छंद III.7.3 और IV.4.15 में शंकर द्वारा दोहराया गया है, छांदोग्य उपनिषद के छंद I.1.1 और वी.18.1 पर भाष्य में, कथा उपनिषद के भाष्य में 11.2.13 पर।

आनंदज्ञान ने केन उपनिषद पर एक टिप्पणी भी लिखी। 19वीं सदी के अंत तक, केना उपनिषद के अस्तित्व का एकमात्र निहित स्रोत शंकर और आनंदज्ञान की टिप्पणी थी, क्योंकि माना जाता था कि उपनिषद की मूल पांडुलिपियां दारा शिकोह द्वारा इसका फारसी अनुवाद प्रकाशित करने के बाद खो गई थीं। यह 1878 में बदल गया, जब बर्नेल ने एक पांडुलिपि पाई और बाद में इसे प्रकाशित किया। फ्रांसीसी विद्वान एंकेटिल डुपेरॉन ने "किन" शीर्षक के साथ फारसी अनुवादित संस्करण से एक लैटिन अनुवाद प्रकाशित किया, जबकि विंडिस्चमैन और अन्य ने केना उपनिषद का जर्मन अनुवाद प्रकाशित किया। कोलबुक, पोली, वेबर, रोअर और गॉफ उन विद्वानों में से हैं जिन्होंने इसकी चर्चा की है।

जॉर्ज हास में "हिंदू थियोसोफिक विद्या के अद्भुत पुराने खजाने" को समझने के लिए आवश्यक के रूप में अन्य प्राथमिक उपनिषदों और भगवद गीता के साथ केना उपनिषद का पढ़ना शामिल है।

एडवर्ड वाशबर्न हॉपकिंस का कहना है कि केना उपनिषद के गद्य भागों को बंद करने में "तपो दम्मह कर्म" का कामोद्दीपक उल्लेख बताता है कि केना उपनिषद की रचना के समय तक भारतीय आध्यात्मिक परंपराओं में योग के नैतिक उपदेशों को अच्छी तरह से स्वीकार किया गया था। इसी तरह, श्रीमाली ने अन्य प्राचीन संस्कृत ग्रंथों के बीच केना उपनिषद का हवाला देते हुए कहा कि ज्ञान-प्राप्ति और शिक्षा प्रणाली को भारत में पहली सहस्राब्दी ईसा पूर्व द्वारा औपचारिक रूप दिया गया था, कई उदाहरणों के बीच, केना उपनिषद के पहले खंड की प्रश्न-उत्तर संरचना पर प्रकाश डाला गया था।

फ्रेड डल्लमेयर केना उपनिषद की शुरुआती पंक्तियों का हवाला देते हुए बताते हैं कि उपनिषदों का प्राथमिक ध्यान हिंदू धर्मशास्त्र में आत्मान-ब्राह्मण (स्वयं) है। ये शुरुआती लाइनें बताती हैं,

सर्व ब्रह्मौपनिषदं

ब्राह्मण वह सब है जिसके बारे में उपनिषद बोलते हैं।

गैर-धार्मिक कलाओं में आह्वान

- शास्त्रीय संगीत: डेविड स्टोल ने 1990 में केना उपनिषद के शुरुआती छंदों से प्रेरित होकर "सोनाटा फॉर 2 पियानोस" की रचना की।
- साहित्य: विक्टर ह्यूगो, फ्रांसीसी कवि और उपन्यासकार ने 1870 में सुपरमेटी (सर्वोच्चता) नामक एक कविता लिखी, जो ला लेगेंडे डेस सिएकल्स (द लीजेंड ऑफ द एजेस) का हिस्सा है, नूवेल सेरी (न्यू सीरीज), कविताओं का एक संग्रह है, जिसे चित्रण के रूप में कल्पना की गई है।

यह कविता केन उपनिषद के तीसरे खंड से प्रेरित है। सर्वोच्चता शीर्षक ब्राह्मण को संदर्भित करता है। पाठ छंदों में लिखा गया है, लेकिन पाठ की संरचना और कथा सामग्री को बनाए रखते हुए ह्यूगो ने मूल के साथ कुछ स्वतंत्रताएं लीं। वह रोमांटिक आंदोलन की भावना में, अधिक विवरण जोड़ने के लिए अपनी कल्पना पर पूरी तरह से लगाम देता है और एक समृद्ध और रंगीन शब्दावली का उपयोग करता है। नतीजतन, कविता तीसरे खंड से लंबी है।

इस प्रकार, उदाहरण के लिए, वह पहले वायु, फिर अग्नि और अंत में इंद्र लाता है, जो हिंदू दृष्टिकोण से गलत है, क्योंकि उसे अग्नि से शुरू करना चाहिए था; ब्रह्म को "प्रकाश", "रूप" और "स्पष्टता" शब्दों द्वारा संदर्भित किया जाता है। उन्होंने अंत को बदल दिया (रूप में लेकिन पदार्थ में नहीं): उपनिषद में, ब्राह्मण खुद को इंद्र को दिखाने से बचते हैं, ताकि वह उन्हें पहचान न सकें, लेकिन कविता में, देवी उमा कहानी से अनुपस्थित हैं, इसलिए नहीं बता सकते भगवान कि वह ब्रह्म के साथ संवाद में है।

ह्यूगो का अंत महत्वपूर्ण रूप से भिन्न है: इंद्र को "प्रकाश" (ब्राह्मण) पर विजय प्राप्त करने के लिए कहा जाता है, क्योंकि वह भूसे के स्ट्रैंड को "देखने" में सक्षम है जिसे वायु और अग्नि न तो "फ्लाई दूर" कर सकते हैं और न ही "बर्न" कर सकते हैं। लेकिन यह विजय सापेक्ष है, यहाँ तक कि उपहासपूर्ण भी है, क्योंकि वह यह कहकर ब्रह्म को चुनौती देता है कि "तुम मेरी दृष्टि से ओझल नहीं हो सकते"। अंतिम पंक्ति से पता चलता है कि उसने अपनी चुनौती खो दी है। यहाँ कविता के अंतिम छंद हैं, जिनका अंग्रेजी में अनुवाद किया गया है।

इंद्र प्रकाश (= ब्रह्म) को संबोधित करते हैं, जो उन्हें उत्तर देते हैं:

मुझे सब पता है ! मुझे सब दिखाई दे रहा है!

क्या आप भूसे के इस कतरा को देखते हैं ?

कहा अजीब रोशनी जिसमें से आवाज आई।

इंद्र ने अपना सिर नीचे किया और चिल्लाया:

मैं देख रहा हूँ। प्रकाश, मैं तुमसे कहता हूं कि मैं पूरे अस्तित्व को गले लगाता हूं; अपने आप को, क्या आप सुनते हैं, आप गायब नहीं हो सकते मेरी नजर से, कभी ग्रहण नहीं किया न ही फीका !

अंतत:, हम देख सकते हैं कि उल्लेखित मतभेदों के बावजूद, वैदिक पाठ का एक पहलू पूरी तरह से व्यक्त किया गया है, अर्थात: ब्रह्म की पूर्ण सर्वोच्चता (इसलिए शीर्षक) सभी जगह मौजूद है, जिसमें देवता भी शामिल हैं, यहां तक कि महानतम भी - संस्कृतियों की साझा भारत-यूरोपीय विरासत को दर्शाता है। हालाँकि, यूरोपीय संस्कृति के अधिक पुरुष-प्रधान ऐतिहासिक अभिविन्यास को दर्शाते हुए, पुरुष देवताओं को सच्चाई प्रकट करने में देवी की महत्वपूर्ण भूमिका को दबा दिया गया है।

उसके बोलने के तुरंत बाद ही (प्रकाश) गायब हो गया था।

मुंडक उपनिषद

मुंडक उपनिषद एक प्राचीन संस्कृत वैदिक पाठ है, जो अथर्ववेद के अंदर सन्निहित है।यह एक मुख्य (प्राथमिक) उपनिषद है, और हिंदू धर्म के 108 उपनिषदों के मुक्तिका सिद्धांत में 5 नंबर के रूप में सूचीबद्ध है। यह सबसे व्यापक रूप से अनुवादित उपनिषदों में से एक है।

इसे महान बलिदानी शौनक और ऋषि अंगिरस के बीच संवाद के रूप में प्रस्तुत किया गया है। यह एक काव्य पद्य शैली उपनिषद है, जिसमें 64 छंद हैं, जो मंत्रों के रूप में लिखे गए हैं। हालाँकि, इन मंत्रों का उपयोग अनुष्ठानों में नहीं किया जाता है, बल्कि इनका उपयोग आध्यात्मिक ज्ञान पर शिक्षण और ध्यान के लिए किया जाता है।

मुंडक उपनिषद में तीन मुंडकम (भाग) हैं, प्रत्येक में दो खंड हैं। पहला मुंडकम, रोएर कहता है, "उच्च ज्ञान" और "निम्न ज्ञान" के विज्ञान को परिभाषित करता है, और फिर दावा करता है कि बलिदान और पवित्र उपहार के कार्य मूर्खतापूर्ण हैं, और वर्तमान जीवन में दुख को कम करने के लिए कुछ भी नहीं करते हैं या अगला, बल्कि यह ज्ञान है जो मुक्त करता है। दूसरा मुंडकम ब्रह्म की प्रकृति, स्वयं, अनुभवजन्य दुनिया और ब्रह्म के बीच संबंध और ब्रह्म को जानने के मार्ग का वर्णन करता है। तीसरा मुंडकम दूसरे मुंडकम में विचारों का विस्तार करता है और फिर दावा करता है कि ब्रह्म को जानने की स्थिति स्वतंत्रता, निर्भयता, पूर्ण मुक्ति, आत्मनिर्भरता और आनंद की है।

कुछ विद्वानों का सुझाव है कि मुंडक उपनिषद के अंश सर्वेश्वरवाद सिद्धांत प्रस्तुत करते हैं।

कुछ ऐतिहासिक भारतीय साहित्य और टिप्पणियों में, मुंडक उपनिषद को कई पद्य-संरचित उपनिषदों के सिद्धांत में शामिल किया गया है, जिन्हें एक साथ मंत्र उपनिषद और मंत्रोपनिषद कहा जाता है।

शब्द-साधन

मुंडका का शाब्दिक अर्थ है "मुंडा (मुंडा सिर के रूप में), एक पेड़ का कटा हुआ, कटा हुआ ट्रंक"। एडुआर्ड रोअर का सुझाव है कि यह जड़ स्पष्ट नहीं है, और उपनिषद के शीर्षक के रूप में शब्द संभवत: "ज्ञान जो दाढ़ी, या मुक्त करता है, तुटियों और अज्ञान में से एक" को संदर्भित करता है। मुंडक उपनिषद के अध्यायों को प्राचीन और मध्ययुगीन ग्रंथों में क्रमिक रूप से "मुंडकम" के रूप में संदर्भित किया जाता है, अस्पष्ट व्युत्पत्ति संबंधी कारणों के लिए।

कालक्रम

अन्य वैदिक ग्रंथों की तरह, मुंडक उपनिषद का सटीक कालक्रम स्पष्ट नहीं है। सभी मत अल्प प्रमाणों पर टिके हैं, पुरातनता का विश्लेषण, शैली और ग्रंथों में दोहराव, विचारों के संभावित विकास के बारे में धारणाओं से प्रेरित है, और अनुमानों पर कि किस दर्शन ने अन्य भारतीय दर्शन को प्रभावित किया हो सकता है।

फिलिप्स मुंडका उपनिषद को बृहदारण्यक, चंदोग्य, ईशा, तैत्तिरीय, ऐतरेय, केना और कथा के बाद अपेक्षाकृत बाद की उम्र के प्राचीन उपनिषद के रूप में बताता है। पॉल ड्युसेन मुंडक उपनिषद को उस काल में रचना मानते हैं जहां विचारों की काव्यात्मक अभिव्यक्ति प्राचीन भारतीय साहित्यिक कार्यों की एक विशेषता बन गई थी।

पैट्रिक ओलिवेल लिखते हैं: "मुंडक और महानारायण दोनों बाद के उपनिषद हैं और सभी संभावना में, बौद्ध-उत्तर हैं।"

मंडुका उपनिषद सहित हिंदू धर्म के उपनिषदों में से अधिकांश शिक्षाएं, स्वयं और ब्राह्मण के अस्तित्व से संबंधित हैं, और जानने के मार्ग, स्वयं और ब्रह्म को महसूस करते हैं, मुंडक उपनिषद के मौलिक आधार को बौद्ध धर्म के इनकार से स्पष्ट रूप से अलग बनाते हैं। "स्व या ब्रह्म"।

मुंडक उपनिषद के कुछ विचारों और रूपकों की कालानुक्रमिक जड़ें अधिक प्राचीन वैदिक साहित्य जैसे बृहदारण्यक, छांडोग्य और कथा उपनिषद में हैं। उदाहरण के लिए, मुंडका के खंड 1.2 में "अंधा अग्रणी अंधे" का रूपक कथा उपनिषद के अध्याय 1.2 में भी पाया जाता है। मुंडक उपनिषद के खंड 3.1 में दो पक्षियों का रूपक, इसी तरह, ऋग्वेद अध्याय 1.164 के भजनों में पाया जाता है।

संरचना

मुंडक उपनिषद में तीन मुंडकम (भाग, या छीलन) हैं, प्रत्येक भाग में दो खंड (खण्ड, खंड या आयतन) हैं। खंड 1.1 में 9 मंत्रों को मीटर्ड काव्यात्मक छंदों के रूप में संरचित किया गया है। खंड 1.2 में 13 श्लोक हैं, खंड 2.1 में 10 श्लोक हैं, खंड 2.2 में 11 श्लोक हैं, खंड 3.1 में 10 हैं, जबकि अन्तिम खण्ड 3.2 में 11 श्लोक हैं। संयुक्त, उपनिषद में 64 मंत्र हैं।

मुंडक उपनिषद के अब तक कई पांडुलिपि संस्करण खोजे जा चुके हैं। ये मामूली अंतर दिखाते हैं, विशेष रूप से अतिरिक्त पाठ को सम्मिलित और प्रक्षेपित किए जाने के रूप में, सम्मिलन स्पष्ट है क्योंकि ये ग्रंथ मीटर्ड छंदों में संरचनात्मक रूप से फिट नहीं होते हैं, और यह भी कि कहीं और खोजी गई पांडुलिपियों में वही पाठ गायब है।

विषय

मुंडक उपनिषद की शुरुआत ब्रह्मा को देवताओं में प्रथम, ब्रह्मांड के निर्माता और ब्रह्म के ज्ञान (परम वास्तविकता, शाश्वत सिद्धांत, ब्रह्मांडीय स्व) को सभी ज्ञान का आधार घोषित करने के साथ होती है। फिर पाठ में उन शिक्षकों के उत्तराधिकार को सूचीबद्ध किया गया है जिन्होंने अगली पीढ़ी के साथ ब्राह्मण के ज्ञान को साझा किया। चार्ल्स जॉन्सटन का सुझाव है कि यह शिक्षक-छात्र की जिम्मेदारी की वैदिक परंपरा की घोषणा करता है कि वह पीढ़ी दर पीढ़ी ज्ञान को अखंड उत्तराधिकार में हस्तांतरित करे। जॉनसन आगे कहते हैं कि जिन नामों का पाठ किया जाता है वे रूपक हैं, जैसे कि एक जो प्रकाशित करता है, सत्य का रक्षक, ग्रहों की आत्मा, दूसरों के बीच देवताओं और पुरुषों के बीच पौराणिक संदेशवाहक, दिव्य प्रकृति और ज्ञान साझा करने की परंपरा को जारी रखने के लिए मनुष्य की जिम्मेदारी का सुझाव देता है।

उच्च ज्ञान बनाम निम्न ज्ञान - पहला मुंडक :

मुंडक उपनिषद के श्लोक 1.1.3 में, एक गृहस्थ (गृहस्थ) एक शिक्षक के पास जाता है, और पूछता है,

कस्मिन्नु भगवो विज्ञाते सर्वमिदं विज्ञातं भवतिति 3

श्रीमान्, ऐसा क्या है जिससे यदि जान लिया जाए तो बाकी सब कुछ ज्ञात हो जाता है?

जॉन्सटन कहते हैं, इस प्रश्न की स्थापना महत्वपूर्ण है, क्योंकि यह दावा करता है कि ज्ञान युवा छात्रों के लिए हस्तांतरणीय है, पुराने शिक्षकों तक ही सीमित नहीं है,

बल्कि वयस्क गृहस्थ भी छात्र बन गए और वैदिक परंपरा में शिक्षकों से ज्ञान मांगा।

शिक्षक ने उत्तर दिया, मुंडका उपनिषद के श्लोक 1.1.4 में, सभी ज्ञान को दो में वर्गीकृत करके: "निम्न ज्ञान" और "उच्च ज्ञान"। ह्यूम ज्ञान के इन दो रूपों को क्रमशः "धर्म की परंपराएं" और "शाश्वत ज्ञान" कहते हैं।

निम्न ज्ञान, उपनिषद कहता है, इसमें वेदों, ध्वन्यात्मकता, व्याकरण, व्युत्पत्ति, मीटर, खगोल विज्ञान और बलिदानों और अनुष्ठानों का ज्ञान शामिल है। उच्च ज्ञान ब्रह्म और आत्म-ज्ञान का ज्ञान है - जिसे देखा नहीं जा सकता, न ही जब्त किया जा सकता है, जिसकी कोई उत्पत्ति नहीं है, कोई वर्ण नहीं है, न आंखें हैं, न कान हैं, न हाथ हैं, न पैर हैं, वह शाश्वत, सर्वव्यापी, अतिसूक्ष्म, अविनाशी, अविनाशी। मंडुका उपनिषद की कुछ पांडुलिपियों में तर्क, इतिहास, पुराण और धर्म को शामिल करने के लिए निम्न ज्ञान की सूची का विस्तार किया गया है।

यज्ञ, हवन और पुण्य कर्म व्यर्थ हैं, ज्ञान उपयोगी - प्रथम मुंडकम:

पहले मुंडकम के दूसरे खंड के पहले सात मंत्र बताते हैं कि कैसे मनुष्य को आह्वान किया गया है, लाभ का वादा किया गया है, डरा दिया गया है और बलिदान, बलिदान और पवित्र कार्यों को करने में गुमराह किया गया है। श्लोक 1.2.7 से 1.2.10 तक, उपनिषद का दावा है कि यह मूर्खतापूर्ण और कमजोर है, उन लोगों द्वारा जो इसे प्रोत्साहित करते हैं और जो इसका पालन करते हैं, क्योंकि इससे मनुष्य के वर्तमान जीवन और उसके बाद के जीवन पर कोई फर्क नहीं पड़ता है, यह ऐसा है अंधे अंधे का नेतृत्व करते हैं, यह दंभ और व्यर्थ ज्ञान का प्रतीक है, बच्चों की तरह अज्ञानी जड़ता, एक व्यर्थ बेकार अभ्यास।

लेकिन वास्तव में, वे नावें, बलिदान, अठारह हैं, जिनमें इन समारोहों को बताया गया है, जो मूर्ख लोग इसे सबसे अच्छा मानते हैं, वे बार-बार बुढ़ापे और मृत्यु के अधीन होते हैं।

अन्धकार में रहनेवाले मूढ़, अपने दम्भ में बुद्धिमान, और व्यर्थ ज्ञान में फूले हुए, अन्धों के द्वारा चलाए गए अन्धे की नाईं इधर-उधर भटकते फिरते हैं।

मुंडक उपनिषद, श्लोक 1.2.11 से 1.2.13 तक, ज्ञान का दावा मनुष्य को मुक्त करता है, और जो लोग इस तरह के ज्ञान को प्राप्त करने के लिए सन्यास (त्याग) करते हैं, वे तप (ध्यान, तपस्या) के माध्यम से उस ज्ञान को प्राप्त करते हैं, भिक्षा पर एक सरल शांत जीवन जीते हैं, बिना किसी बलिदान और कर्मकांड के। श्लोक 12 और 13 में, उपनिषद सुझाव देते हैं कि "विनाशकारी कार्य शाश्वत ज्ञान की ओर नहीं ले जा सकते हैं", इसके बजाय जो लोग स्वतंत्रता चाहते हैं उन्हें

ज्ञान प्राप्त करने के लिए एक सक्षम, शांति से भरे, बुद्धिमान गुरु (शिक्षक) के पास सम्मानपूर्वक जाना चाहिए।

ब्रह्म सभी चीजों का आंतरिक स्व है - दूसरा मुंडकाम:

मुंडक उपनिषद, दूसरे मुंडकम के पहले खंड में, आत्मान-ब्राह्मण के सिद्धांत को परिभाषित और व्याख्या करता है। यह दावा करता है कि जिस तरह एक प्रज्वलित अग्नि हजार चिंगारी पैदा करती है और अपने रूप में लपटें उछालती है, उसी तरह ब्रह्म से जीव अपने रूप में उत्पन्न होते हैं। ब्रह्म अविनाशी है, बिना शरीर के, यह बाहर और भीतर दोनों है, कभी उत्पन्न नहीं हुआ, बिना मन के, बिना सांस के, फिर भी इससे सभी चीजों की आंतरिक आत्मा उभरती है। ब्रह्म से श्वास, मन, संवेदी अंग, अंतरिक्ष, वायु, प्रकाश, जल, पृथ्वी, सब कुछ उत्पन्न होता है। यह अनुभाग इस विचार का विस्तार इस प्रकार करता है,

आकाश उसका सिर है, उसकी आंखें सूर्य और चंद्रमा हैं,

उसके कान, उसकी वाणी वेदों ने प्रकट

की है, हवा उसकी सांस है, उसका हृदय ब्रह्मांड है,

उसके चरणों से पृथ्वी उत्पन्न हुई है, वह वास्तव में सभी का अंतरात्मा है चीजें।

उससे अग्नि आती है, सूर्य ईंधन है,

सोम से वर्षा होती है, पृथ्वी से जड़ी-बूटियाँ आती हैं,

नर मादा में बीज डालता है, इस प्रकार पुरुष

से कई प्राणियों का जन्म होता है। उन्हीं से ऋग छंद, समन मंत्र, यजुस सूत्र, दीक्षा संस्कार, सभी यज्ञ, सभी समारोह और सभी उपहार आते हैं, वर्ष भी, यज्ञ करने वाले, दुनिया, जहां चंद्रमा चमकता है, जैसा कि सूर्य करता है।

उससे भी, देवता कई गुना उत्पन्न होते हैं,

आकाशीय, पुरुष, मवेशी, पक्षी,

श्वास, चावल, अनाज, ध्यान,

श्राद्ध (विश्वास), सत्य (सत्य), ब्रह्मचर्य, और विधी (कानून)।

यह खंड जारी है, ब्राह्मण को पहाड़ों, हर तरह की नदियों, पौधों, जड़ी-बूटियों और सभी जीवित प्राणियों के कारण के रूप में, और यह "सभी प्राणियों में रहने वाला आंतरिक स्व" है। ब्रह्म सब कुछ है, अनुभवजन्य और अमूर्त, वस्तु, विषय और क्रिया (कर्म)। ब्रह्म को जानना, मुक्त होना है।

यह सर्वेश्वरवाद सिद्धांत का एक रूप है, जो उपनिषद के दूसरे मुंडकम के दूसरे खंड में जारी है।

ओम, स्व और ब्रह्म - द्वितीय मुंडकामी :

मुंडक उपनिषद, दूसरे मुंडकम में, स्वयं और ब्रह्म को जानने का मार्ग सुझाता है: ध्यान, आत्म-प्रतिबिंब और आत्मनिरीक्षण। दूसरे और तीसरे मुंडकम में छंद, यह भी दावा करते हैं कि वेदों के जाप से स्वयं और ब्रह्म का ज्ञान "प्राप्त नहीं किया जा सकता", लेकिन केवल ध्यान और अर्थ के लिए आंतरिक आत्मनिरीक्षण से आता है। आदि शंकराचार्य, मुंडक उपनिषद की अपनी समीक्षा में, ध्यान को योग कहते हैं।

श्लोक 2.2.2 में, मुंडक उपनिषद का दावा है कि आत्मान-ब्रह्म वास्तविक है। श्लोक 2.2.3 में ध्यान प्रक्रिया के लिए एक सहायता प्रदान की गई है, जिसका नाम ओम (ओम) है। काव्य पद्य शिक्षक-शिष्य वार्तालाप के रूप में संरचित है, लेकिन जहाँ शिक्षक शिष्य को मित्र के रूप में बुलाता है, वह इस प्रकार है,

वह जो ज्वलनशील है, जो सूक्ष्म से सूक्ष्म है, जिस पर जगत् स्थित

हैं, और उनके निवासी -

वही अविनाशी ब्रह्म है।

यह जीवन है, यह वाणी है, यह मन है। वही असली है। यह अमर है।

यह प्रवेश करने के लिए एक निशान है। इसे भेदो, मेरे दोस्त।

उपनिषद के महान हथियार को धनुष के रूप में लेते हुए,

उस पर ध्यान से तेज तीर रखना चाहिए,

उस के सार को निर्देशित एक विचार के साथ खींचकर,

 उस अविनाशी को निशान के रूप में

प्रवेश करें, मेरे दोस्त।

ओम धनुष है, बाण आत्मा है, ब्रह्म चिह्न है,

अविचलित मनुष्य से है भेदना, उसमें

आना चाहिए,

जैसे तीर निशान के साथ एक हो जाता है।

उपनिषद, श्लोक 2.2.8 में दावा करता है कि वह व्यक्ति जो स्वयं के ज्ञान के साथ है और जो ब्रह्म के साथ एक हो गया है, मुक्त है, कर्म से प्रभावित नहीं है, दु:ख और आत्म-संदेह से मुक्त है, वह आनंद में रहता है।

सभी प्राणियों में सर्वोच्च एकता तक पहुँचें - तीसरा मुंडकाम :

तीसरा मुंडकम दो पक्षियों के रूपक के साथ शुरू होता है, जो इस प्रकार है,

दो पक्षी, अविभाज्य मित्र, एक ही पेड़ से चिपके हुए।

उनमें से एक मीठा फल खाता है, दूसरा बिना खाए देखता है।

उसी वृक्ष पर मनुष्य उदास, डूबा हुआ (दु:ख में), व्याकुल, असहाय महसूस करता है, लेकिन जब वह दूसरे ईसा (भगवान) को देखता है, उसकी महिमा को जानता है, तो उसका दु:ख दूर हो जाता है।

जब द्रष्टा तेजस्वी निर्माता और ईसा को पुरुष के रूप में देखता है, जिसका स्रोत ब्रह्म में है, तो वह बुद्धिमान है, वह अच्छे और बुरे को हिला देता है, स्टेनलेस वह उच्चतम एकता को प्राप्त करता है।

माथुर कहते हैं कि एक ही पेड़ पर बैठे पक्षियों का यह रूपक एक को अनुभवजन्य आत्म और दूसरे को शाश्वत और पारलौकिक स्व के रूप में संदर्भित करता है। यह शाश्वत आत्म, आत्मान-ब्रह्म और अन्य सभी के साथ इसकी एकता का ज्ञान है, जो मुक्त करता है। उपनिषद श्लोक 3.1.4 में कहा गया है कि आत्मा सभी चीजों का जीवन है, और इस स्व (आत्मन) में आनंद है।

तीसरे मुंडकम के इन प्रारंभिक छंदों की विभिन्न व्याख्या की गई है। हिंदू धर्म के आस्तिक विद्यालयों के लिए, ईसा ईश्वर है। हिंदू धर्म के गैर-आस्तिक स्कूलों के लिए, ईसा स्वयं है। थियोसोफिस्ट चार्ल्स जॉन्सटन न केवल हिंदू धर्म के स्कूलों के संदर्भ में, बल्कि ईसाई धर्म और दुनिया भर के अन्य धर्मग्रंथों में पाए जाने वाले आस्तिक के रूप में, ईश्वरवादी दृष्टिकोण की व्याख्या करते हैं। जॉनसन कहते हैं, ये छंद उस दुख का वर्णन करते हैं जो उन लोगों को डुबो देता है जो अनजान हैं या अपने भगवान से अलग महसूस करते हैं। शिष्य, जब अपने व्यक्तित्व को दृढ़ता से समझता है, व्यक्तित्व से परे अर्थ तक पहुंचता है, भगवान को खोजता है, अनन्त भगवान के अद्भुत जटिल जीवन की खोज करता है, जॉनसन कहता है, और फिर वह "रोशनी के प्रकाश" के रास्ते पर है। जॉनसन यशायाह और रहस्योद्घाटन से उद्धृत करते हैं, इस प्रकार: "प्रभु आपके लिए एक चिरस्थायी प्रकाश होगा, और आपका भगवान आपकी महिमा"।

उदाहरण के तौर पर आदि शंकराचार्य की व्याख्या हिंदू धर्म में एक वैकल्पिक व्याख्या प्रस्तुत करती है। शंकर अद्वैतवादी दृष्टिकोण की व्याख्या इस प्रकार करते हैं: "ध्यान और योग के विभिन्न तरीकों से, मनुष्य दूसरे को पाता है, संसार के बंधन के अधीन नहीं, दु:ख, अज्ञान, क्षय और मृत्यु से अप्रभावित। वह इस प्रकार सोचता है: मैं मैं आत्मा हूँ, सबमें समान हूँ, प्रत्येक जीव में स्थित हूँ, दूसरा नहीं; यह जगत मेरा है, सबका स्वामी है; तब वह समस्त शोकों से मुक्त हो जाता है, शोकरूपी सागर से पूर्णत: मुक्त हो जाता है, अर्थात् उसका उद्देश्य सिद्ध हो जाता है। यह अवस्था है, शंकर कहते हैं, दु:ख से मुक्त, जब मनुष्य सर्वोच्च समानता तक पहुँच जाता है जो ब्रह्म के साथ पहचान है। शंकर कहते हैं, द्वैत से जुड़े मामलों में समानता निश्चित रूप से इससे हीन है।

नैतिक बनो, स्वयं को जानो, शांत रहो - तीसरा मुंडकम :

मुंडक उपनिषद का अंतिम भाग ब्रह्म के ज्ञान और इस प्रकार मुक्ति के लिए मनुष्य के लिए आवश्यक नैतिक उपदेशों पर जोर देता है।

सत्येन लभ्यस्तपसा ह्येष आत्मा सम्यग्ज्ञानेन ब्रह्मचर्येण नित्यम्।

सत्य (सत्यता), तपस (दृढ़ता, तपस्या), संयम (सही ज्ञान), और ब्रह्मचर्य की निरंतर खोज के माध्यम से, व्यक्ति आत्मा (स्व) को प्राप्त करता है।

ध्यान के साथ संयुक्त नैतिक अभ्यासों के माध्यम से, मनुष्य को स्वयं को जानना चाहिए। आत्मान-ब्रह्म को उपनिषद कहते हैं, न तो आँख से, न वाणी से, न अन्य इंद्रियों से, न तपस्या से, न कर्मकांड के कर्म से। यह उन लोगों के लिए जाना जाता है जिनकी प्रकृति ज्ञान के शांत प्रकाश से शुद्ध हो गई है, जो इसका ध्यान करते हैं, जो इसमें रहते हैं। मुंडक उपनिषद का दावा है कि यह वह अवस्था है, जब किसी के विचार एकीकृत होते हैं और उसके शरीर और बाकी सभी चीजों से जुड़े होते हैं। जब विचार शुद्ध होते हैं, तो स्वयं का उदय होता है, श्लोक 3.1.9 कहता है। मनुष्य की यह स्थिति भूति (भूति, आंतरिक शक्ति, समृद्धि और खुशी) की स्थिति है।

तीसरे मुंडकम के दूसरे खंड में, उपनिषद का दावा है, "स्वयं को उन लोगों द्वारा महसूस नहीं किया जा सकता है जिनके पास आंतरिक शक्ति की कमी है, न ही लापरवाही या लापरवाही से, न ही भक्ति या तपस्या की झूठी धारणाओं से, न ही अनुभवजन्य ज्ञान से। यह आत्मा द्वारा प्राप्त किया जाता है जिसके द्वारा यह वांछित होता है। उसका स्वयं अपना सत्य प्रकट करता है"। एक बार इस तरह के आत्म-ज्ञान तक पहुंचने के बाद, मन की शांति का परिणाम होता है, मुक्ति का जीवन उभरता है, व्यक्ति ब्राह्मण की तरह बन जाता है और व्यवहार करता है। वह दुःख से परे है, वह पाप से परे है, वह सभी की आत्मा के साथ शांत एकता में है।

स्वागत समारोह

मुंडका उपनिषद का व्यापक रूप से अनुवाद किया गया है, साथ ही शंकर और आनंदगिरि जैसे प्राचीन और मध्ययुगीन युग के भारतीय विद्वानों द्वारा भाष्य में टिप्पणी की गई है। मुंडका अतीत और वर्तमान में सबसे लोकप्रिय उपनिषदों में से एक रहा है। बादरायण अट्ठाईस में से तीन अधिकार मुंडक उपनिषद को समर्पित करते हैं, जबकि शंकर ब्रह्मसूत्र पर अपनी व्याख्या में 129 बार इसका हवाला देते हैं। देवसेन का कहना है कि यह लोकप्रियता साहित्यिक उपलब्धि, अभिव्यक्ति में शुद्धता और गहन विचारों को व्यक्त करने में छंदों की सुंदरता के कारण है जो अन्यथा हिंदू धर्म के अन्य उपनिषदों द्वारा साझा की जाती हैं।

गफ मुंडक उपनिषद को "प्राचीन भारतीय दर्शन में सबसे महत्वपूर्ण दस्तावेजों में से एक" कहते हैं। यह वैदिक शिक्षाओं को समाहित करता है, गोफ कहता है, "वह जो किसी भी देवता पर ध्यान देता है, उसके अलावा कोई ज्ञान नहीं है, और वह केवल देवताओं का शिकार है", और "कई में कोई सच्चाई नहीं है, सभी सत्य एक में है; और यह एक ही आत्मा है, जो सभी चीजों का अंतरतम सार है, जो सभी भावनाओं को जीवंत करता है और सभी चीजों में व्याप्त है। यह शुद्ध आनंद है, और यह हर प्राणी के हृदय में रहता है।

रॉस, "हिंदू धर्म में जीवन के अर्थ" पर अपने अध्यायों में अक्सर मुंडका उपनिषद का हवाला देते हैं, और इसे मुक्ति या मोक्ष को साकार करने के उपकरण और अनुशासन को परिष्कृत करने के लिए भारत में प्राचीन प्रयासों का एक उदाहरण बताते हैं।

जॉनस्टन का कहना है कि मुंडका उपनिषद में प्राचीन संदेश आधुनिक युग के लिए प्रासंगिक है जहां अकेले "सत्य की खोज और आवेदन" अकेले विज्ञान के क्षेत्र में प्रमुख है। मुंडक उपनिषद अपने तीसरे मुंडकम में सत्य के केंद्रीय महत्व की याद दिलाता है, फिर भी यह "सौंदर्य और अच्छाई" की आवश्यकता पर भी जोर देता है, क्योंकि "सत्य, सौंदर्य और अच्छाई" एक साथ, जॉनस्टन कहते हैं, कला, संगीत, कविता, चित्रकला, अर्थ और आध्यात्मिक उत्तर।

जैकब्स ने मुंडक उपनिषद को गहरा कहा है, और इसे हिंदू धर्म के आवश्यक दार्शनिक आधारों में से एक के रूप में गिना जाता है।

सांस्कृतिक प्रभाव

मुंडक उपनिषद सत्यमेव जयते वाक्यांश का स्रोत है, जो भारत का राष्ट्रीय आदर्श वाक्य है। यह अपने राष्ट्रीय प्रतीक में चार शेरों के साथ दिखाई देता है।

सत्यमेव जयते नानृतं

अनुवाद 1: सत्य की ही जीत होती है, असत्य की नहीं।

अनुवाद 2: अंततः सत्य की विजय होती है, असत्य की नहीं।

अनुवाद 3: सत्य की जीत होती है, असत्य की नहीं।

ईशावास्य उपनिषद्

ईशोपनिषद् शुक्ल यजुर्वेदीय शाखा के अन्तर्गत एक उपनिषद है। यह उपनिषद् अपने नन्हें कलेवर के कारण अन्य उपनिषदों के बीच बेहद महत्त्वपूर्ण स्थान रखता है। इसमें कोई कथा-कहानी नहीं है केवल आत्म वर्णन है। इस उपनिषद् के पहले

मंत्र ''ईशावास्यमिदंसर्वंयत्किंच जगत्यां-जगत...'' से लेकर अठारहवें मंत्र ''अग्ने नय सुपथा राये अस्मान् विध्वानि देव वयुनानि विद्वान्...'' तक शब्द-शब्द में मानों ब्रह्म-वर्णन, उपासना, प्रार्थना आदि झंकृत है। एक ही स्वर है — ब्रह्म का, ज्ञान का, आत्म-ज्ञान का।

परिचय

अद्भुत कलेवर वाले इस उपनिषद् में ईश्वर के सर्वनिर्माता होने की बात है सारे ब्रह्मांड के मालिक को इंगित किया गया है, सात्विक जीवनशैली की बात कही गई है कि दूसरे के धन पर दृष्टि मत डालो।

इस जगत् में रहते हुए निःसंङ्गभाव से जीवनयापन करने को बताया गया है। इसमें 'असुर्या' नामक लोक की बात आती है — असुर्या मतलब कि सूर्य से रहित लोक। वह लोक जहाँ सूर्य नहीं पहुँच पाता, घने, काले अंधकार से भरा हुआ अन्धतम लोक, अर्थात् गर्भलोक।

कहा गया है कि जो लोग आत्म को, अपने 'स्व' को नहीं पहचानते हैं, आत्मा को झुठला देते हैं, नकार देते हैं और इसी अस्वीकार तले पूरा जीवन बिताते हैं उन्हें मृत्यु के पश्चात् उसी अन्धतम लोक यानि कि असुर्या नामक लोक में जाना पड़ता है अर्थात् गर्भवास करना पड़ता है, फिर से जन्म लेना पड़ता है।

इस प्रकार इस उपनिषद् में एक ओर ईश्वर को सर्वनिर्माता मानकर स्वयं को निमित्त मात्र बनकर जीवन जीने का इशारा करता है, जो दूसरी ओर आत्म को न भूलने की इंगित करता है।

इसके बाद आत्म को निरुपित करने का तथ्य आता है कि 'वह' अचल है साथ ही मन से भी ज्यादा तीव्रगामी है। यह आत्म (ब्रह्म) सभी इंद्रियों से तेज भागने वाला है।

इस उपनिषद् में आत्म/ब्रह्म को 'मातरिज्वा' नाम से इंगित किया गया है, जो कि सभी कार्यकलापों को वहन करने वाला, उन्हें सम्बल देने वाला है।

'आत्म' के ब्रह्म के गुणों को बताने के क्रम में यहाँ यह बताया गया है कि वह एक साथ, एक ही समय में भ्रमणशील है, साथ ही अभ्रमणशील भी। वह पास है और दूर भी। यहाँ उसे कई विशेषणों द्वारा इंगित किया गया है — कि वह सर्वव्यापी, अशरीरी, सर्वज्ञ, स्वजन्मा और मन का शासक है।

इस उपनिषद् में विद्या एवं अविद्या दोनों की बात की गई है उनके अलग-अलग किस्म के गुणों को बताया गया है साथ ही विद्या एवं अविद्या दोनों की उपासना को वर्जित किया गया है — यहाँ यह साफ-साफ कहा गया है कि विद्या एवं अविद्या

दोनों की (या एक की मा) उपासना करने वाले घने अंधकार में जाकर गिरते हैं साकार की प्रकृति की उपासना को भी यहाँ वर्जित माना गया है लेकिन हाँ विद्या एवं अविद्या को एक साथ जान लेने वाला, अविद्या को समझकर विद्या द्वारा अनुष्ठानित होकर मृत्यु को पार कर लेता है, वह मृत्यु को जीतकर अमृतत्व का उपभोग करता है यह स्वीकारोक्ति यहाँ है।

इसमें सम्भूति एवं नाशवान् दोनों को भलीभाँति समझ कर अविनाशी तत्व प्राप्ति एवं अमृत तत्व के उपभोग की बात कही गई है। इस उपनिषद् के अंतिम श्लोकों में बड़े ही सुंदर उपमान आते हैं — ब्रह्म के मुख को सुवर्ण पात्र से टंके होने की बात साथ ही सूर्य से पोषण करने वाले से प्रार्थना की। सुवर्णपात्र से टंके हुए उस आत्म के मुख को अनावृत कर दिया जाए ताकि उपासक समझ सके, महसूस कर सके कवह स्वयं ही ब्रह्मरूप है और अंतिम श्लोकों में किए गए सभी कर्मों को मन के द्वारा याद किए जाने की बात आती है और अग्नि से प्रार्थना कि पंञ्चभौतिक शरीर के राख में परिवर्तित हो जाने पर वह उसे दिव्य पथ से चरम गंतव्य की ओर उन्मुख कर दे।

कठ उपनिषद्

कठोपनिषद कृष्ण यजुर्वेदीय शाखा के अन्तर्गत एक उपनिषद है। यह उपनिषद संस्कृत भाषा में लिखा है। इसके रचियता वैदिक काल के ऋषियों को माना जाता है परन्तु मुख्यत वेदव्यास जी को कई उपनिषदों का लेखक माना जाता है।

शान्ति मन्त्र:

इस उपनिषद का शान्तिपाठ निम्न है:

ॐ सह नाववतु।

सह नौ भुनक्तु।

सह वीर्य करवावहै।

तेजस्विनावधीतमस्तु मा विद्विषावहै॥

ॐ शान्तिः शान्तिः शान्तिः॥

उपनिषद सार :

यह उपनिषद आत्म-विषयक आख्यायिका से आरम्भ होती है। प्रमुख रूप से यम नचिकेता के प्रश्न प्रतिप्रश्न के रुप में है। नचिकेता के पिता, ऋषि अरुण के पुत्र उद्दालक लौकिक कीर्ति की इच्छा से विश्वजित (अर्थात विश्व को जीतने का) याग का अनुष्ठान करते हैं। याजक अपनी समग्र सम्पत्ति का दान कर दे यह इस यज्ञ की प्रमुख विधि है। इस विधि का अनुसरण करते हुए उसने अपनी सारी सम्पत्ति दान

कर दी। वह निर्धन था इसलिए उसके पास कुछ गायें पीतोदक (जो जल पी चुकी हैं) जग्धतृण (जो घास खा चुकी हैं अर्थात जिनमें घास खाने की सामर्थ्य नहीं है) दुग्धदोहा(जिनका दूध दुह लिया गया है) निरिन्द्रिय(जिनकी प्रजनन शक्ति समाप्त हो गयी है) और दुर्बल थीं। नचिकेता ने जब देखा की उसका पिता ऐसी गायों को दान में दे रहा है तो उसका मन जाग उठा, ऐसी गायें तो दान की श्रेणी में ना आयेंगी, ऐसा दान तो स्वीकार ना होगा और ना मेरे पिता का याग सफल होगा। यह सोचकर पुत्र नचिकेता ने अपने पिता से कहा, इस प्रकार के दान से तो आपका याग सफल न होगा न आपकी आत्मा का अभ्युदय होगा। अगर दान करना ही है तो आपको अपनी सबसे प्रिय वस्तु का दान करना चाहिए, पिता के लिए पुत्र से प्रिय क्या हो सकता है, आप में सचमुच दान की भावना है तो मुझे दान कीजिये, "कहिये मुझे किसको दान में देने को तैयार हैं" - कस्मै मा दास्यसि ? पिता ने पुत्र की बात अनसुनी कर दी ; समझा नादान बालक है। जब नचिकेता ने देखा की उसका पिता उद्दालक उसकी बात पर ध्यान नहीं दे रहा है तो उसी प्रश्न को कई बार दोहराया - "मुझे किसे दोगे" ? तब क्रोधित होकर पिता ने कहा - तुझे मृत्यु को दान में देता हूँ (मृत्यवे त्वा ददामि)।

यह सुन नचिकेता मृत्यु अर्थात यमाचार्य के पास गया और उनसे तीन वर मांगे-

नचिकेता, वैदिक युग के एक तेजस्वी ऋषिबालक थे। इनकी कथा मूल रूप से कठोपनिषद् में है। अन्य ग्रंथों जैसे तैतरीय ब्राह्मण (3.11.8) तथा महाभारत में भी इस कथा का वर्णन मिलता है। उन्होंने भौतिक वस्तुओं का परित्याग किया तथा यम से आत्मा और ब्रह्म विषय पर ज्ञान प्राप्त किया।

नचिकेता ऋषि वाजश्रवस के पुत्र थे। ऋषि वाजश्रवस आरुणि - उद्दालक ऋषि के उत्तराधिकारी एवं ऋषि वाजश्रवा के औरस पुत्र थे, जिन्होंने सर्वस्व दक्षिणावाला "विश्वजित्" यज्ञ किया था। रुष्ट होकर पिता वाजश्रवस ने पुत्र नचिकेता को यम को दान कर दिया। नचिकेता ने यम से तीन वर प्राप्त किए जिनमें सें सबसे महत्वपूर्ण वर आत्मरहस्य का उपदेश था। नचिकेता का यह आख्यान महाभारत के अनुशासन पर्व में (71 अध्याय) तथा वराह पुराण में भी (193 अ.- 212 अ.) तात्पर्य भेद से उपलब्ध होता है। किसी अवांतर काल में इस आख्यान का विकास नासिकेतोपाख्यान के रूप में हुआ जिसमें मूल वैदिक कथा का विशेष परिवर्तन लक्षित होता है, इसके लघुपाठवाले आख्यान का सदल मिश्र ने हिंदी गद्य में अनुवाद किया था।

नचिकेता एवं यम

ऋषि वाजश्रवस ने देवताओं से उपहार की इच्छा रखते हुए, अपनी सारी संपत्ति दान करने के लिए एक विश्वजित नामक यज्ञ शुरू किया। लेकिन उनके पुत्र

नचिकेता ने देखा कि वाजश्रवस केवल बूढ़ी, बंजर, अंधी या लंगड़ी गायों का दान कर रहे थे, जो यज्ञ एवं दान हेतु उपयुक्त नहीं थीं। नचिकेता ने अपने पिता के यज्ञ के लिए सर्वश्रेष्ठ फल की कामना करते हुए पूछा : "मैं भी आपका हूँ, आप मुझे किस को दान करेंगे ?"। बारम्बार इस प्रश्न पूछने से परेशान होने के बाद, वाजश्रवास ने क्रोध में उत्तर दिया, "मैं तुम्हें स्वयं यमराज को देता हूँ !"

तो नचिकेता यमराज के घर गया, लेकिन यम देव बाहर थे, और उन्होंने बिना भोजन या पानी के तीन दिन तक द्वार पर प्रतीक्षा की। जब यम लौटे, तो उन्हें यह देखकर खेद हुआ कि एक ब्राह्मण अतिथि बिना भोजन और पानी के इतनी देर से प्रतीक्षा कर रहा था। भारतीय संस्कृति में अतिथि को भगवान के समान माना जाता है। अपनी गलती की भरपाई के लिए, यम ने नचिकेता से कहा, "आपने मेरे घर में तीन दिनों तक बिना आतिथ्य के इंतजार किया है, इसलिए मुझसे तीन वरदान मांगो"। नचिकेता ने सबसे पहले अपने पिता और खुद के लिए शांति मांगी, जब वह अपने पिता के पास लौटेंगे। यम राजी हो गए। इसके बाद, नचिकेता ने पवित्र अग्नि विद्या सीखनी चाही, जिसे यम ने विस्तृत किया।

नचिकेता की ज्ञान-पिपासा से प्रसन्न होकर यम ने उसे एक रत्नमयी - शब्दमयी माला प्रदान की एवं एक चौथा वर यह भी दिया की त्रयी अग्नि, नचिकेत अग्नि के नाम से जानी जायेगी।

अपने तीसरे वरदान के लिए, नचिकेता शरीर की मृत्यु के बाद आने वाले रहस्य को जानना चाहता था।

इस ज्ञान को देने के यम अनिच्छुक थे। उन्होंने कहा कि यह देवताओं के लिए भी एक रहस्य है। उन्होंने नचिकेता से कुछ और वरदान मांगने को कहा और कई भौतिक लाभ की पेशकश की। यम ने यद्यपि उसे अनेक प्रलोभन दिए, किंतु नचिकेता अपने लक्ष्य पर अटल रहा।

लेकिन नचिकेता ने उत्तर दिया कि भौतिक चीजें केवल अल्पकालिक ही रहेंगी और अमरता प्रदान नहीं करेंगी। तो, कोई अन्य वरदान नहीं चाहिए। यम गुप्त रूप से इस शिष्य से प्रसन्न हुए और उन्होंने नचिकेता को आत्मरहस्य का ज्ञान दिया, सच्चे स्व की प्रकृति के बारे में विस्तार से बताया, जो शरीर की मृत्यु के बाद भी बनी रहती है। बोध की कुंजी यह है कि यह आत्मा ब्रह्म, सर्वोच्च आत्मा, ब्रह्मांड में जीवन शक्ति से अविभाज्य है। यम की व्याख्या हिंदू तत्वमीमांसा की एक संक्षिप्त व्याख्या है, और निम्नलिखित बिंदुओं पर केंद्रित है :

- ॐ ही ब्रह्म है।
- आत्मा, जिसका प्रतीक ॐ है, सर्वव्यापी ब्रह्म के समान है। सबसे छोटे से

छोटा और सबसे बड़े से बड़ा, आत्मा निराकार और सर्वव्यापी है।

- बुद्धिमान का लक्ष्य इस आत्मा को जानना है।
- आत्मा एक सवार की तरह है; घोड़े इंद्रियां हैं, जिन्हें वह इच्छाओं की भूलभुलैया के मध्य से मार्ग पर ले जाता है।
- मृत्यु के बाद आत्मा ही रहती है; आत्मा अमर है।
- केवल शास्त्रों को पढ़ने या बौद्धिक शिक्षा से आत्मा का एहसास नहीं हो सकता।
- आत्मा को शरीर से अलग समझना चाहिए, जो कि इच्छा का स्थान है।
- ब्रह्म की अनुभूति न कर पाने का परिणाम यह होता है कि मनुष्य पुनर्जन्म के चक्र में फँस जाता है। स्वयं को समझने से मोक्ष की प्राप्ति होती है।

इस प्रकार यम से ब्रह्म का ज्ञान प्राप्त करने के बाद, नचिकेता पिता के पास लौट आया।

इस कथा को प्रतीक रूप में नये कवियों ने स्पर्श किया है।

विचारधारा

- राम मोहन राय पश्चिमी आधुनिक विचारों से बहुत प्रभावित थे और बुद्धिवाद तथा आधुनिक वैज्ञानिक दृष्टिकोण पर बल देते थे।
- राम मोहन राय की तात्कालिक समस्या उनके मूल निवास बंगाल के धार्मिक और सामाजिक पतन की थी।
- उनका मानना था कि धार्मिक रूढ़िवादिता सामाजिक जीवन को क्षति पहुँचाती है और समाज की स्थिति में सुधार करने के बजाय लोगों को और परेशान करती है।
- राम मोहन राय का मानना था कि सामाजिक और राजनीतिक आधुनिकीकरण धार्मिक सुधार की परिधि में ही शामिल हैं।
- राम मोहन राय का मानना था कि प्रत्येक पापी को अपने पापों के लिये प्रायश्चित करना चाहिये और यह प्रायश्चित आत्म-शुद्धि तथा पश्चाताप के माध्यम से किया जाना चाहिये, न कि आडंबर व अनुष्ठानों के माध्यम से।
- वह सभी मनुष्यों की सामाजिक समानता में विश्वास करते थे और इस तरह से जाति व्यवस्था के प्रबल विरोधी थे।
- राम मोहन राय इस्लामिक एकेश्वरवाद के प्रति आकर्षित थे। उन्होंने कहा कि एकेश्वरवाद भी वेदांत का मूल संदेश है।
- एकेश्वरवाद को वे हिंदू धर्म के बहुदेववाद और ईसाई धर्मवाद के प्रति एक सुधारात्मक कदम मानते थे। उनका मानना था कि एकेश्वरवाद ने मानवता

के लिये एक सार्वभौमिक मॉडल का समर्थन किया है।

- राजा राम मोहन राय का मानना था कि जब तक महिलाओं को अशिक्षा, बाल विवाह, सती प्रथा जैसे अमानवीय रूपों से मुक्त नहीं किया जाता, तब तक हिंदू समाज प्रगति नहीं कर सकता।

- उन्होंने सती प्रथा को हर मानवीय और सामाजिक भावना के उल्लंघन के रूप में तथा एक जाति के नैतिक पतन के लक्षण के रूप में चित्रित किया।

राजा राममोहन राय केवल समाज सुधारक ही नहीं थे, वे उच्च कोटि के राजनीतिक विचारक भी थे। उनके प्रमुख राजनीतिक विचारों का उल्लेख इस प्रकार किया जा सकता है,

(1) वैयक्तिक तथा राजनीतिक स्वतन्त्रता का प्रतिपादन - राजा राममोहन राय वैयक्तिक स्वतन्त्रता के प्रबल समर्थक थे। जॉन लॉक और टॉमस पेन की भाँति उन्होंने भी प्राकृतिक अधिकारों की पवित्रता को स्वीकार किया। राजा राममोहन राय ने जीवन, स्वतन्त्रता और सम्पत्ति के प्राकृतिक अधिकारों के साथ व्यक्ति के नैतिक अधिकारों का भी समर्थन किया। परन्तु अधिकारों तथा स्वतन्त्रता की व्यक्तिवादी धारणा के समर्थक होते हुए भी राजा राममोहन राय चाहते थे कि समाज-सुधार और शैक्षिक पुनर्निर्माण के लिए राज्य को कानून बनाने चाहिए।

वॉल्टेयर, मॉण्टेस्क्यू और रूसो की भाँति राजा राममोहन राय स्वतन्त्रता के हिमायती थे। वैयक्तिक स्वतन्त्रता के प्रबल समर्थक होने के साथ साथ वे राजनीतिक स्वतन्त्रता के आदर्श में भी विश्वास रखते थे। उनके अनुसार स्वतन्त्रता मानव मात्र के लिए एक बहुमूल्य वस्तु है, परन्तु राष्ट्र के लिए भी आवश्यक है। विपिनचन्द्र पाल ने लिखा है कि "राजा राममोहन राय ही वह प्रथम व्यक्ति थे जिन्होंने भारत को स्वतन्त्रता का सन्देश प्रसारित किया,

(2) प्रेस की स्वतन्त्रता - राजा राममोहन राय प्रेस की स्वतन्त्रता के प्रबल समर्थक थे। उनका पत्र 'संवाद कौमुदी' बंगला और अंग्रेजी भाषा में और दूसरा पत्र 'मिरात-उल-अखबार' फारसी भाषा में प्रकाशित होता था। प्रेस की स्वतन्त्रता के समर्थन में उन्होंने 1823 ई.में हाईकोर्ट के समक्ष एक याचिका प्रस्तुत करके लिखित अभिव्यक्ति की स्वतन्त्रता की माँग की थी। जब याचिका अस्वीकृत कर दी गई, तब सपरिषद् सम्राट के पास अपील की गई। जब सपरिषद सम्राट से भी अपील अस्वीकृत हो गई, तो उन्होंने अपने पत्र 'मिरात-उल-अखबार' का प्रकाशन स्थगित कर दिया। राजा राममोहन राय ने जिस रूप में अपना विरोध व्यक्त किया, वह प्रेस की स्वतन्त्रता के प्रति उनकी गहन निष्ठा का प्रतीक था।

(3) न्यायिक व्यवस्था - राजा राममोहन राय ने भारत की न्यायिक व्यवस्था

में सुधार की आवश्यकता पर बल दिया। उन्होंने 1827 ई. के ज्यूरी एक्ट का विरोध किया। इसका आधार यह था कि ईसाई अफसर को हिन्दू और मुसलमानों के मुकदमे में सुनवाई करने का अधिकार था, किन्तु ईसाइयों के मुकदमे सुनने का अधिकार हिन्दू अथवा मुसलमान को नहीं था।

1833 ई. के चार्टर एक्ट निर्माण के समय राजा राममोहन राय को इंग्लैण्ड की संसदीय समिति में अपने विचार प्रकट करने का अवसर मिला। प्रवर समिति के अनुरोध पर उन्होंने भारत की प्रचलित न्यायिक व्यवस्था की विवेचना की तथा प्रशासन को न्यायिक व्यवस्था से पृथक् करने की माँग की। उन्होंने न्यायपालिका के पुनर्गठन पर जोर दिया तथा विद्वान् एवं निष्पक्ष व्यक्तियों को प्रशासक बनाने का सुझाव दिया।

(4) प्रशासनिक व्यवस्था का स्वरूप - 1833 ई. में कॉमन सभा की प्रवर समिति के समक्ष साक्ष्य प्रस्तुत करते हुए राजा राममोहन राय ने प्रशासनिक व्यवस्था में कुछ सुधारों की सिफारिश की थी। ये सिफारिशें थीं-देशी लोकसेवा की स्थापना, देशवासियों को अधिक नौकरियाँ और उच्च पद देना, रय्यतवाड़ी की दशा में सुधार तथा उसकी रक्षा के लिए कानूनों का निर्माण और स्थायी भूमि प्रबन्ध। राजा राममोहन राय लोक सेवाओं में अपरिपक्व व्यक्तियों की नियुक्ति के विरुद्ध थे। प्रशासनिक व्यवस्था और सेवाओं के सम्बन्ध में उनका सुझाव था कि यदि ब्रिटिश सरकार चाहे कि भारतवासी सरकार के प्रति आस्थावान हों, तो भारतीयों की शक्ति एवं योग्यता के अनुसार उन्हें दायित्वपूर्ण पदों पर नियुक्त करना पड़ेगा।

(5) भारत में यूरोपीय लोगों का आवास - 1832 ई. में ब्रिटिश कॉमन सभा की प्रवर समिति ने राजा राममोहन राय से भारत में यूरोपीय लोगों के रहने के सम्बन्ध में सलाह माँगी। राजा राममोहन राय का विचार था कि यदि कुछ यूरोपीय स्थायी रूप से भारत में रहकर कृषि कार्य करने लगें, तो इससे भारत को काफी लाभ होगा, क्योंकि यूरोपीय लोग अपनी पूँजी लगाकर वैज्ञानिक ढंग से व्यापार करेंगे, जिससे देश के कृषि कार्य, खनिज, व्यापार, शिल्पकला आदि की उन्नति होगी। साथ ही उन्होंने यह भी स्पष्ट किया कि भारत में बसने वाले यूरोपीय लोगों को भारत में विशेष सुविधाएँ नहीं दी जानी चाहिए।

(6) मानवतावाद और विश्वव्यापी धर्म - राजा राममोहन राय सहयोग, सहिष्णुता और भ्रातृत्व की धारणाओं में आस्था रखते थे। वे परम्परागत बन्धनों और बाधाओं से मुक्त विवेक और सहानुभूति के आधार पर समाज की रचना करना चाहते थे। वे सम्पूर्ण मानव जाति को आध्यात्मिक एकता के आधार पर विश्व धर्म में दीक्षित करना चाहते थे। उनके द्वारा फ्रांस के विदेश मन्त्री को लिखे गए एक पत्र में

स्पष्ट रूप से कहा गया,"अब यह सबको मान्य है कि केवल धर्म से नहीं, वरन सहज बुद्धि और वैज्ञानिक अनुसन्धान के शुद्ध निष्कर्षों से भी यह नतीजा निकला है कि सम्पूर्ण मानवता एक महान् परिवार है और विभिन्न जातियाँ उसकी अनेक शाखाएँ हैं। इसलिए सब देशों के प्रबुद्ध मनुष्य हर प्रकार से यथासम्भव मानव सम्पर्क को बढ़ाने और फैलाने का प्रयास करें, ताकि समस्त मानव जाति के पारस्परिक कल्याण और उन्नति में वृद्धि हो सके।"

राजा राममोहन राय आधुनिक भारत के निर्माता थे। वे न केवल धार्मिक-सामाजिक सुधारक थे, वरन् एक राजनीतिक चिन्तक भी थे। उन्होंने एक नवीन समाज के निर्माण की आधारशिला रखी। उन्होंने हिन्दू, मुस्लिम तथा ईसाई धर्मों के अच्छे सिद्धान्तों को चुनकर ब्रह्म समाज' की स्थापना की। इस प्रकार आधुनिकता के प्रभाव में उन्होंने धार्मिक सहिष्णुता का मार्ग चुना। उन्होंने देश में नये राजनीतिक जीवन का सूत्रपात किया। राजा राममोहन राय के चिन्तन में पूरब और पश्चिम, दोनों का सम्मिश्रण था।

11. राजा राम मोहन राय पुरस्कार

राजा राम मोहन राय भारतीय पत्रकारिता के क्षेत्र में अग्रणी हैं। इसके प्रयासों के कारण ही 1835 में चार्ल्स मेटकाफ द्वारा प्रेस पर लगाए गए सभी प्रतिबंधों को हटा दिया गया था।

पत्रकार के रूप में उनके मानद कार्य के लिए, पत्रकारिता के क्षेत्र में उनके योगदान के लिए हर साल 'पत्रकारिता में उत्कृष्टता के लिए राजा राम मोहन राय राष्ट्रीय पुरस्कार' दिया जाता है। पुरस्कार में 1 लाख रुपये का नकद मूल्य शामिल है। अंतिम पुरस्कार 2019 में एक प्रख्यात पत्रकार और राजस्थान पत्रिका के अध्यक्ष गुलाब कोठारी को प्रदान किया गया था।

12. राजा राममोहन राय के बारे में रोचक तथ्य

1. राममोहन राय को कई इतिहासकारों द्वारा "बंगाल पुनर्जागरण का जनक" माना जाता है

बंगाल पुनर्जागरण एक सांस्कृतिक, सामाजिक, बौद्धिक और कलात्मक आंदोलन था जो 18वीं शताब्दी के अंत से 20वीं शताब्दी के प्रारंभ तक ब्रिटिश राज के बंगाल क्षेत्र में हुआ था। इतिहासकारों ने 1757 की प्लासी की लड़ाई में ब्रिटिश ईस्ट इंडिया कंपनी की जीत के लिए आंदोलन की शुरुआत का पता लगाया है। इसके अतिरिक्त, सुधारक राजा राममोहन राय की रचनाएँ, जिन्हें "बंगाल पुनर्जागरण का जनक" माना जाता है, जिनका जन्म 1772 में हुआ था।

2. आधुनिक भारतीय इतिहास पर रॉय का प्रभाव उनके नैतिक सिद्धांतों का पुनरुत्थान था

राजा राय ने उपनिषदों में पाए जाने वाले दर्शन के वेदांत स्कूल के नैतिक सिद्धांतों को पुनर्जीवित किया। उन्होंने ईश्वर की एकता का प्रचार किया, वैदिक ग्रंथों का अंग्रेजी में प्रारंभिक अनुवाद किया, कलकत्ता यूनिटेरियन सोसाइटी की सह-स्थापना की और ब्रह्म समाज की स्थापना की।

ब्रह्म समाज ने भारतीय समाज के सुधार और आधुनिकीकरण में एक प्रमुख भूमिका निभाई। उन्होंने विधवाओं को जलाने की प्रथा सती के खिलाफ सफलतापूर्वक अभियान चलाया। उन्होंने अपने देश की परंपराओं की सर्वोत्तम विशेषताओं के साथ पश्चिमी संस्कृति को एकीकृत करने का प्रयास किया।

3. रॉय ने ईस्ट इंडिया कंपनी द्वारा नियोजित रहते हुए एक राजनीतिक आंदोलनकारी के रूप में काम किया

ईस्ट इंडिया कंपनी 1838 तक प्रति वर्ष तीन मिलियन पाउंड की दर से भारत से धन की निकासी कर रही थी। ईस्ट इंडिया कंपनी 1838 तक प्रति वर्ष तीन मिलियन पाउंड की दर से भारत से धन की निकासी कर रही थी।

उन्होंने अनुमान लगाया कि भारत में एकत्र किए गए कुल राजस्व का लगभग आधा हिस्सा इंग्लैंड को भेजा गया था, भारत को छोड़कर, एक बड़ी आबादी के

साथ, शेष धन का उपयोग सामाजिक कल्याण को बनाए रखने के लिए किया गया था। रॉय ने इसे देखा और माना कि भारत में मुक्त व्यापार के तहत शासन करने वाले यूरोपीय लोगों के अप्रतिबंधित निपटान से आर्थिक नाली संकट को कम करने में मदद मिलेगी।

4. राममोहन ने सार्वजनिक रूप से घोषणा की कि अगर संसद सुधार विधेयक पारित करने में विफल रही तो वह ब्रिटिश साम्राज्य से बाहर निकल जाएंगे

1830 में, राम मोहन राय ने मुगल साम्राज्य के एक राजदूत के रूप में यूनाइटेड किंगडम की यात्रा की ताकि यह सुनिश्चित किया जा सके कि सती प्रथा पर प्रतिबंध लगाने वाले लॉर्ड विलियम बेंटिक के बंगाल सती नियमन, 1829 को पलटा नहीं जा सके। इसके अलावा, रॉय ने मुगल सम्राट के भत्ते और अनुलाभों को बढ़ाने के लिए राजा से याचिका दायर की।

वह ब्रिटिश सरकार को मुग़ल बादशाह का वजीफा 30,000 बढ़ाने के लिए राजी करने में सफल रहा। उन्होंने फ्रांस का भी दौरा किया। इंग्लैंड में रहते हुए, उन्होंने सांस्कृतिक आदान-प्रदान शुरू किया, संसद के सदस्यों के साथ मुलाकात की और भारतीय अर्थशास्त्र और कानून पर किताबें प्रकाशित कीं।

5. रॉय के धार्मिक सुधार बहुत ही क्रांतिकारी थे

राजनारायण बसु द्वारा प्रतिपादित ब्रह्म समाज की कुछ मान्यताओं में निहित रॉय के धार्मिक सुधार। ब्रह्म समाज ब्रह्मवाद का सामाजिक घटक है, जो बंगाल पुनर्जागरण के दौरान प्रकट हुए हिंदू धर्म के एकेश्वरवादी सुधारवादी आंदोलन के रूप में शुरू हुआ था।

ब्रह्म समाज का मानना है कि ब्रह्मवाद के सबसे मौलिक सिद्धांत मनुष्य द्वारा पालन किए जाने वाले हर धर्म का आधार हैं। ब्रह्मो समाज एक सर्वोच्च ईश्वर के अस्तित्व में विश्वास करता है, जो एक विशिष्ट व्यक्तित्व और नैतिक गुणों से संपन्न है, जो उसकी प्रकृति के बराबर है, और बुद्धि ब्रह्मांड के लेखक और संरक्षक के अनुरूप है, और केवल उसकी पूजा करता है।

रॉय की मान्यताएं हिंदू धर्म, इस्लाम, अठारहवीं शताब्दी के देववाद, यूनिटेरिज्म और फ्रीमेसन के विचारों के मठवासी तत्वों के संयोजन से ली गई थीं।

6. रॉय ने भारत में सामाजिक बुराइयों से लड़ने के लिए यूनिटेरियन कम्युनिटी की स्थापना की

रॉय ने सामाजिक बुराइयों से लड़ने और भारत में सामाजिक और शैक्षिक सुधारों का प्रचार करने के लिए आत्मीय सभा और इकाई समुदाय की स्थापना की।

वह अंधविश्वास के खिलाफ लड़ने वाले व्यक्ति थे, भारतीय शिक्षा में अग्रणी थे, और बंगाली गद्य और भारतीय प्रेस में एक ट्रेंडसेटर थे।

7. राममोहन राय ने बहुविवाह और बाल विवाह का विरोध किया

ब्रिटिश सरकार के साथ काम करने के रॉय के अनुभव ने उन्हें सिखाया कि हिंदू परंपराएं अक्सर पश्चिमी मानकों द्वारा विश्वसनीय या सम्मानित नहीं होतीं और इससे निस्संदेह उनके धार्मिक सुधार प्रभावित हुए। वह अपने यूरोपीय परिचितों के लिए हिंदू परंपराओं को वैध बनाना चाहते थे, यह साबित करके कि हिंदू धर्म को विकृत करने वाली अंधविश्वास प्रथाओं का उसके आदेशों की शुद्ध भावना से कोई लेना-देना नहीं है।

जिन अंधविश्वासों पर राम मोहन राय ने आपत्ति जताई, उनमें सती प्रथा, जातिगत कठोरता, बहुविवाह और बाल विवाह शामिल थे। इन प्रथाओं के कारण अक्सर ब्रिटिश अधिकारियों ने भारतीय राष्ट्र पर नैतिक श्रेष्ठता का दावा किया था। राम मोहन राय के धर्म के विचारों ने सक्रिय रूप से एक निष्पक्ष और न्यायपूर्ण समाज का निर्माण करने की मांग की, जो कि अंग्रेजों द्वारा बताए गए ईसाई आदर्शों के समान मानवीय प्रथाओं को लागू करके और इस तरह ईसाई दुनिया की नजर में हिंदू धर्म को वैध बनाने की मांग कर रहा था।

8. राय शिक्षा को समाज सुधार का साधन मानते थे

1817 में, डेविड हेयर के सहयोग से, उन्होंने कलकत्ता में हिंदू कॉलेज की स्थापना की। 1822 में, रॉय ने एंग्लो-हिंदू स्कूल पाया, चार साल बाद 1826 में वेदांत कॉलेज; जहां उन्होंने जोर देकर कहा कि एकेश्वरवादी सिद्धांतों की उनकी शिक्षाओं को एक आधुनिक, पश्चिमी पाठ्यक्रम में शामिल किया जाना चाहिए।

1830 में, उन्होंने रेव अलेक्जेंडर डफ को महासभा की संस्था की स्थापना में मदद की, उन्हें ब्रह्म सभा द्वारा खाली किया गया स्थान प्रदान करके और छात्रों का पहला बैच प्राप्त करके।

9. अंग्रेजी शिक्षा और विचारों के प्रति रॉय की प्रतिबद्धता ने महात्मा गांधी और रवींद्रनाथ टैगोर के बीच बहस छेड़ दी

गांधी ने रॉय की अंग्रेजी शिक्षा और विचार के प्रति समर्पण पर आपत्ति जताते हुए उन्हें एक पिग्मी के रूप में चित्रित किया। टैगोर, जिनके दादा ने ब्रिस्टल में रॉय के मकबरे की स्थापना की थी, ने गांधी के विचार को खारिज करते हुए एक पत्र लिखा था, जिसमें कहा गया था कि रॉय के पास भारतीय ज्ञान की पूरी विरासत थी। वह कभी भी पश्चिम का स्कूली छात्र नहीं था, और इसलिए पश्चिम के मित्र

होने की गरिमा रखता था। गांधी ने बाद में अपने स्वयं के सांस्कृतिक बहुलवाद की तुलना उस दोष से की जो उन्होंने रॉय में देखा था।

10. स्टेपलटन में एक पैदल पथ का नाम राजा राममोहन वॉक रखा गया है

स्टेपलटन ग्रोव की बाहरी पश्चिमी दीवार पर 1933 की ब्रह्मो पट्टिका है, और बगीचे में उनका पहला दफन स्थान रेलिंग और एक ग्रेनाइट स्मारक पत्थर द्वारा चिह्नित है।

अर्नोस वेले में उनकी कब्र और छतरी को अंग्रेजी विरासत द्वारा ग्रेड II ऐतिहासिक स्थल के रूप में सूचीबद्ध किया गया है और आज कई आगंतुकों को आकर्षित करते हैं।

13. राजा राममोहन राय की विरासत

हिंदू स्कूल, कोलकाता

1773 में कलकत्ता के सर्वोच्च न्यायालय की स्थापना के साथ बंगाल के कई हिंदुओं ने अंग्रेजी भाषा सीखने की उत्सुकता दिखाई। डेविड हरे, राजा राधाकांत देब के सहयोग से बंगाल में अंग्रेजी शिक्षा शुरू करने के लिए पहले ही कदम उठा चुके थे। बाबू बैद्यनाथ मुखोपाध्याय ने फोर्ट विलियम के सर्वोच्च न्यायालय के मुख्य न्यायाधीश सर एडवर्ड हाइड ईस्ट, जिन्होंने मई 1816 में अपने घर में 'यूरोपीय और हिंदू सज्जनों' की बैठक बुलाई थी, के समर्थन को शामिल करके शिक्षा के माध्यम के रूप में अंग्रेजी की शुरूआत को आगे बढ़ाया। बैठक का उद्देश्य "हिंदू समुदाय के सदस्यों के बच्चों को उदार शिक्षा देने के लिए एक संस्था स्थापित करने के प्रस्ताव पर चर्चा करना" था। प्रस्ताव को सर्वसम्मत स्वीकृति और रुपये से अधिक के दान के साथ प्राप्त किया गया था। नए कॉलेज की स्थापना के लिए 100, 000 का वादा किया गया था। राजा राम मोहन राय ने इस योजना के प्रति पूरी सहानुभूति दिखाई लेकिन "अपने रूढ़िवादी देशवासियों के पूर्वग्रहों को खतरे में डालने और इस तरह पूरे विचार को नुकसान पहुँचाने" के डर से सार्वजनिक रूप से प्रस्ताव के समर्थन में नहीं आने का फैसला किया।

कॉलेज औपचारिक रूप से सोमवार, 20 जनवरी 1817 को 20 'विद्वानों' के साथ खोला गया था। कॉलेज की नींव समिति, जिसने इसकी स्थापना की देखरेख की, की अध्यक्षता राजा राममोहन राय ने की। संस्था का नियंत्रण दो गवर्नरों और चार निदेशकों के निकाय में निहित था। कॉलेज के पहले गवर्नर बर्दवान के महाराजा तेजचंद्र बहादुर और गोपी मोहन ठाकुर थे। पहले निदेशक शोभाबाजार के गोपी मोहन देब, जॉयकिसन सिन्हा, राधा माधब बनर्जी और गुनगनारायण डॉस थे। बुदिनाथ मुखर्जी को कॉलेज के पहले सचिव के रूप में नियुक्त किया गया था। नव स्थापित कॉलेज ने केवल संपन्न और उच्च जाति के परिवारों से हिंदू छात्रों को प्रवेश दिया।

सबसे पहले कक्षाएं गारनहट्टा (बाद में चितपोर रोड का नाम बदलकर 304,

चितपोर रोड) के गोरचंद बायसैक के एक घर में आयोजित की गई, जिसे कॉलेज ने किराए पर लिया था। जनवरी 1818 में कॉलेज 'फेरिंघी कमल बोस के घर' में चला गया, जो चितपोर में पास में स्थित था। चितपोर से, कॉलेज बाऊबाजार में चला गया और बाद में उस इमारत में चला गया जहां अब कॉलेज स्ट्रीट पर संस्कृत कॉलेज है। 1855 में 'पाठशाला' भाग का नाम बदलकर हिंदू स्कूल कर दिया गया और 'महापथशाला' भाग प्रेसीडेंसी कॉलेज, कोलकाता बन गया।

वेदांत कॉलेज

1825 में, उन्होंने वेदांत कॉलेज की स्थापना की, जहां भारतीय शिक्षा और पश्चिमी सामाजिक और भौतिक विज्ञान दोनों में पाठ्यक्रम पेश किए जाते थे।

अन्य विरासतें

रॉय की अंग्रेजी शिक्षा और विचार के प्रति प्रतिबद्धता ने महात्मा गांधी और रवींद्रनाथ टैगोर के बीच बहस छेड़ दी। गांधी ने, रॉय की अंग्रेजी शिक्षा और विचार के प्रति समर्पण पर आपत्ति जताते हुए, उन्हें एक "पिग्मी" के रूप में चित्रित किया। टैगोर, जिनके दादा ने ब्रिस्टल में रॉय के मकबरे की स्थापना की थी, ने गांधी के विचार को खारिज करते हुए एक पत्र लिखा था, "[रॉय] को भारतीय ज्ञान की पूर्ण विरासत थी। वह कभी भी पश्चिम का स्कूली लड़का नहीं था, और इसलिए एक दोस्त होने की गरिमा थी। पश्चिम का।" गांधी ने बाद में अपने स्वयं के सांस्कृतिक बहुलवाद की तुलना रॉय में देखी गई गलती से की, इन प्रसिद्ध पंक्तियों को लिखा:

"मैं नहीं चाहता कि मेरा घर चारों तरफ से दीवारों से घिरा हो और मेरी खिड़कियाँ बंद हों। मैं चाहता हूँ कि सभी देशों की संस्कृति मेरे घर के चारों ओर यथासंभव स्वतंत्र रूप से उड़े। लेकिन मैं किसी के द्वारा अपने पैरों को उड़ाने से इनकार करता हूँ।"

1983 में, ब्रिस्टल के संग्रहालय और आर्ट गैलरी में राम मोहन राय पर एक पूर्ण-स्तरीय प्रदर्शनी आयोजित की गई थी। हेनरी पेरोनेट ब्रिग्स द्वारा उनका 1831 का विशाल चित्र अभी भी वहीं लटका हुआ है और 1873 में सर मैक्स मुलर द्वारा चर्चा का विषय था। ब्रिस्टल के केंद्र में, कॉलेज ग्रीन पर, आधुनिक कोलकाता के मूर्तिकार निरंजन प्रधान द्वारा राजा की एक पूर्ण आकार की कांस्य प्रतिमा है। प्रधान की एक और आवक्ष प्रतिमा, जिसे ज्योति बसु ने ब्रिस्टल को उपहार में दी थी, ब्रिस्टल के सिटी हॉल के मुख्य फ़ोयर के अंदर विराजमान है। [उद्धरण वांछित]

स्टेपलटन में एक पैदल पथ का नाम "राजा राममोहन वॉक" रखा गया है। स्टेपलटन ग्रोव की बाहरी पश्चिमी दीवार पर 1933 की ब्रह्मो पट्टिका है, और बगीचे में उनका पहला दफन स्थान रेलिंग और एक ग्रेनाइट स्मारक पत्थर द्वारा चिह्नित है। अर्नोस वेल में उनकी कब्र और छत्री को इंग्लिश हेरिटेज द्वारा ग्रेड II ऐतिहासिक स्थल के रूप में सूचीबद्ध किया गया है और आज कई आगंतुकों को आकर्षित करता है।

14. राजा राममोहन राय का देहांत और अर्नोस वेल में उनकी समाधि

राम मोहन रॉय को मूल रूप से 18 अक्टूबर 1833 को स्टेपलटन ग्रोव के मैदान में दफनाया गया था, जहां 27 सितंबर 1833 को मेनिनजाइटिस से उनकी मृत्यु हो गई थी। साढ़े नौ साल बाद उन्हें 29 मई 1843 को नए अर्नोस वेले में एक कब्र में फिर से दफनाया गया था। कब्रिस्तान, ब्रिस्लिंगटन, पूर्वी ब्रिस्टल में। द सेरेमोनियल वे पर एक बड़ा भूखंड विलियम कैर और विलियम प्रिंसेप द्वारा खरीदा गया था, और उसके लाख में शरीर और एक सीसा ताबूत बाद में एक गहरी ईंट-निर्मित तिजोरी में रखा गया था, जो सात फीट से अधिक भूमिगत था। इसके दो साल बाद, द्वारकानाथ टैगोर ने इस तिजोरी से ऊपर उठी हुई छतरी के लिए भुगतान करने में मदद की, हालांकि उनके कभी ब्रिस्टल जाने का कोई रिकॉर्ड नहीं है। छतरी को कलाकार विलियम प्रिंसेप ने डिजाइन किया था, जो कलकत्ता में राम मोहन को जानते थे।

ब्रिस्टल अर्नोस वेले कब्रिस्तान हर साल 27 सितंबर की उनकी पुण्यतिथि के करीब रविवार को राजा राम मोहन राय के लिए स्मरण सेवाएं आयोजित करता है। लंदन में भारतीय उच्चायोग अक्सर राजा के वार्षिक स्मरणोत्सव में आते हैं। ब्रिस्टल के लॉर्ड मेयर भी उपस्थित रहेंगे। स्मरणोत्सव एक संयुक्त ब्रह्मो-यूनिटेरियन सेवा है, जिसमें प्रार्थना और भजन गाए जाते हैं, कब्र पर फूल चढ़ाए जाते हैं, और राजा के जीवन को बातचीत और दृश्य प्रस्तुतियों के माध्यम से मनाया जाता है। 2013 में, राम मोहन की हाल ही में खोजी गई हाथीदांत की मूर्ति प्रदर्शित की गई थी। 2014 में, एडिनबर्ग में उनका मूल मौत का मुखौटा फिल्माया गया था और इसके इतिहास पर चर्चा की गई थी। 2017 में, राजा का स्मरणोत्सव 24 सितंबर को आयोजित किया गया था।

9 789355 847058